编 委 会

主　　编：张　武
副 主 编：陈建城　王淑一　陈立奇
编　　委：（按姓氏笔画排序）

于海风　弓晓军　马国栋　严爱慈
李云恒　李文健　李建奇　李晓堂
吴　华　邹顺业　张志彬　易国柱
赵伟强　夏晋祥　徐楚平　黄立荣
黄远彬　黄国辉　龚海宏　蒋　波
谢春红　滕永华

迷彩青春
——大学生军训感悟

主　编：张　武
副主编：陈建城　王淑一　陈立奇

暨南大学出版社
JINAN UNIVERSITY PRESS
中国·广州

图书在版编目（CIP）数据

迷彩青春：大学生军训感悟 / 张武主编；陈建城，王淑一，陈立奇副主编 . —广州：暨南大学出版社，2016.5
ISBN 978 – 7 – 5668 – 1784 – 6

I . ①迷…　Ⅱ . ①张…②陈…③王…④陈…　Ⅲ . ①大学生—军训—中国—文集
Ⅳ . ①G641. 8 – 53

中国版本图书馆 CIP 数据核字（2016）第 062207 号

出版发行：暨南大学出版社

地　　址：中国广州暨南大学
电　　话：总编室（8620）85221601
　　　　　营销部（8620）85225284　85228291　85228292（邮购）
传　　真：（8620）85221583（办公室）　85223774（营销部）
邮　　编：510630
网　　址：http：//www. jnupress. com　http：//press. jnu. edu. cn

排　　版：广州良弓广告有限公司
印　　刷：湛江日报社印刷厂

开　　本：787mm×960mm　1/16
印　　张：12. 25
彩　　插：4
字　　数：198 千
版　　次：2016 年 5 月第 1 版
印　　次：2016 年 5 月第 1 次

定　　价：29. 80 元

（暨大版图书如有印装质量问题，请与出版社总编室联系调换）

军训掠影（一）

军训掠影（二）

军训掠影（三）

军训掠影（四）

前　言

　　大学生军训是我国国防教育的主要形式,大学军训生活是每个初入大学的学生都要经受的洗礼。大学军训不仅能帮助大学生树立共产主义信念和正确的世界观、人生观、价值观,还有利于培养他们的爱国主义和集体主义精神;既能够培养学生的团结精神,又能够让学生树立严谨的生活态度,磨炼坚强的意志,肩负起神圣的民族使命,帮助他们成为对社会主义建设有用的人才。此外,大学军训也有利于促进校园内形成积极、健康和良好的育人氛围,在改变学生的精神面貌、加强校风学风建设、维护学校安定团结等方面都具有重要作用。

　　深圳信息学院一贯重视新生的军训工作,积极探求如何使军营教育余力最大化,进而思考及研讨军训对学生后期的学习和生活产生的良性影响。几年实践下来,我们收获了不少心得经验,并身体力行致力于大学军训的改革创新工作。过去几年,我们相继编写了多册以反映当代大学生军训生活感悟为题材的作品,积累了一定的经验。2015年,"迷彩青春　铸梦强军"专辑的编印,也是在此前做法经验基础上的再实践,可谓是"梅花三弄"了。这主要得益于我们开展军训工作的积极探索和取得的殷实成果。我们希望能借此良机,发诸一端,抛砖引玉,并继续深化我校军训工作的创新和改革探索。

　　学习暇余,展卷一读,回顾往昔军营生活,弘扬军人精神,鞭策当下学习生活,对当代大学生的成才有着非常积极的意义。我们再次结集汇编此书的原因,在于我们希望让更多的大学生借此重温军营生活,在指导其未来人生的同时,还能更长久地延续军营激情,使更多人感受到军营的魅力。

　　军训是当代大学生入学后最熟悉且印象深刻的经历之一,甚至可以说,短暂的军营生活将对他们今后的人生道路、价值理念、思想性格养成产生至

关重要的影响。可以说，军训让大学生亲身体验了军营生活，近距离领略了军人的风采，学会了自立、自强、自尊、自爱；让他们稚嫩的心灵变得充盈成熟，让他们勇于走出他人精心编织的暖巢，勇敢地站出来向风雨发起挑战；军营，也是让他们激情燃烧，放飞青春梦想的地方。这些思想情感的辉光，清新自然地流淌在大学生们的字里行间，将打动读者的心灵。它们未必字字珠玑，也说不上阳春白雪，但朴实隽永，宛若淙淙细流，悦耳动听。让我们用心倾听他们埋藏在书页上的心灵话语，并以一斑窥全豹，借此大致了解当下活跃在象牙塔里的青春一代的思想情感和身姿倩影，见证他们的激扬青春和心路历程，也未尝不是幸事。

"军训一阵子，受益一辈子。"军训很短，军营很小，在客观的时间和空间坐标上，就像一个硕大的"点"，但它却是一个赖以支撑和立足的"原点"。对广大参训新生来说，犹似如此。在某种意义上，这也是他们历经磨砺、升华自我之后构筑梦想、飞越升华、希冀重新腾飞的新"起点"。至于张力有多大？半径有多大？升华得有多高？腾飞得有多远？还需假以时日，才能揭晓答案。但我们有理由相信：他们会是祖国未来的中坚力量之一，是中国梦的筑梦一代！因为，这里就是梦开始的地方！这本小书，就是他们筑梦军营的见证！

在本书的编辑过程中，我们本着求真务实、尽量尊重原作的精神，只对少数作品做了个别修改，最大限度地保持原作的情态和风貌。同时，限于水平、经验及时间等原因，本书还存在不足和瑕疵。我们只是由衷希望，可以收获到来自读者的诚挚批评，进而不断提高改进，编辑出更优秀的作品专辑，以飨广大读者。

此外，本书在编印过程中得到了相关人士的悉心指导和帮助，谨此一并向他们致以最诚挚的谢意！

编　者

2016 年 3 月

目 录

半月鱼，半生渔

计算机学院　卢佩媛

初入军事教育基地，扛着棉被、行李箱艰难地爬上四楼的情景仿佛还在眼前，军训开始前师长的叮嘱和教官催促我们快速进入状态的声音仿佛还在耳边。

然而这些已成"仿佛"，而真真切切存在于眼前的，是结营仪式的横幅；真真切切回响在耳边的，是主持人激昂的演讲声。

"严！格！训练！"

"严！格！要求！"

伴随着口令员的一声令下，我们挺直腰杆，用力地踢着正步，做着半个月来练习到无须回想要领便能做出的动作，无比认真地吼出这最后一次的集体口号。

在精神高度集中的状态下，我感觉各项仪式很快就结束了，半个月的军训就此画上了圆满的句号。在等待基地最后一餐的时光里，区队长一改往日的严肃作风，和我们开起了各种无伤大雅的玩笑，我端坐在水泥地上，看着阳光下的草场，军训时的情景在眼前飞速掠过，不禁思考起"鱼"与"渔"的滋味。

半个月来与军训九班一起生活的日子里，我笑过、哭过、迷茫过，有过无法理解，有了无尽的感慨，还有着道不尽的情谊，到最后终于恍然大悟。

半个月来，我明白了在集体中一枝独秀并不是最好的。当在整个集体中你是最好的那个时，你要学会配合别人。差的人要努力上进，好的人要照顾好其他人，集体才能共同进步。虽然我不是那个最好的，但是在一开始我也没有做到真正的配合，即便是现在，也依旧不完美。

半个月来，我看懂了作为领袖人物不仅需要责任心，还要有能够察觉到

集体心理状态的灵敏反应力。在几个班长的对比下，我渐渐明白了这些。看看其他班级的班长，再看看自己班的班长，在羡慕班长表现在方方面面的优秀之外，也会隐隐地感到骄傲。

在军训的半个月里，除了吃饭、睡觉、训练，最多的行动就是跑医务室了。可是，有时受了点小伤，稍有不便，就去医务室，这总让我感觉有些惭愧。但是医生每次都会耐心、细心地帮我上药、观察伤口，让无助的我找到了温暖，也暗暗决定要像医生待我一样温柔地对待身边的同学。

我们习惯于被那些生活小事感动着，然而当我们坐着校车离开基地时，这一切的一切就真正地画上了句号。我们和教官说着再见，嬉笑着回到了熟悉的校园。回想军训，我觉得最正确的做法就是不论遇到什么样的情况，都要全身心地投入其中去切身体会，如此我们才能满载而归。

我们花了半个月的时间来品尝军训的"鱼"，而军训带来的"渔"我们也已握在手里。愿我们都能在接下来的人生中紧握手中的"渔"，向着梦想起航。

（指导老师/黄柱刚）

我的军训是杯无糖的咖啡

软件学院　刘海镖

记忆中，我的军训是杯无糖的咖啡，苦尽甘来，让人神思清醒，回味无穷……

十三天的军训转瞬即逝，但它留给我的却是难忘的回忆，更让我拥有了受益终生的经验。它就像一杯没加糖的咖啡，虽然入口有些苦，但只要你喝下去，留下的却是满口醇香，回味无穷。这是任何一种加糖的咖啡都无法比拟的。

怀着对军营生活的好奇与向往，我们登上了开往国防基地的大巴车。当我们踏上军营的土地，看到一座座整齐干净的房屋和齐全的训练设施时，我似乎已经能想象到未来十三天的军训生活了。开营式的庄严肃穆让我既振奋又期待，在忐忑中，我度过了军训的第一天。

第二天的训练似乎销蚀了我的激情，那时的心情就好比喝下一杯温水，已无刚来时那般兴奋了，甚至，还有了些许失望。那天教官教我们整理内务，一个个苛刻的要求就像一座座大山一样，压得我喘不过气来。这时，我才真正知道了什么叫严格要求、严格纪律。严格要求是被子必须叠得像正方体一样棱角分明，严格纪律是什么事之前都要先集合，到了睡觉时间就不能再讲话……一句话，严格纪律是无条件服从命令，是不搞任何特殊化。"军令如山"，出发前老师的这句话直到现在我才有了深切体会。

如果说第二天的心情像是喝了杯温水，那第三天则像是喝了冰冷的凉白开。我开始想家，开始讨厌军训，讨厌军营，讨厌教官，甚至讨厌这里的一草一木。晚上躺在被窝里翻来覆去就是睡不着，想起学校、家里温软的床铺、优美的环境，不禁感慨和这里真是天壤之别啊。离开家，我才明白家的真谛：那不仅是睡觉的地方，更是心灵休憩的港湾。家，仅一个字，却承载了我心

底无尽的牵念。

可不知为什么，到第四天我竟然有些舍不得离开了。因为我忽然觉得，大家和我一样，都在慢慢地适应并接受了军营的氛围。基地的一草一木似乎都充满了军人的味道，坚毅挺拔得像根枪杆，这是军人的特质，也是我们来此训练最应该学习的品格之一。晚上，躺在床上，回想起白天的生活，我觉得这是凝聚着欢乐的一天。我们已经开始习惯这样的生活节奏，不再有任何的抵触心理。《团结就是力量》《一二三四歌》……一首首军营歌曲至今还时常在我耳边回响。我们和教官一起拍照留念，一起开怀大笑，一起度过了这十三天难忘的军旅生活……

我还想起大家一起在多媒体教室学习自救互救实操的情景，各种各样的活动和讲座让我们的军营文化生活丰富多彩，一点儿都不乏味。其实，即使有很多的苦，在快乐面前也都会像胆汁入水一样被稀释，随着时间的流逝，最终只留下那沁人心脾的快乐。

在军训中，让我印象最深刻的是在队列训练中，我们班的正步踢得一团糟，最后竟然被总教官当着整个学院的师生的面当场批评。还记得，当时我偷偷看了一下教官，从他的眼神中，我看到了失望，在他的心里大概犹如万箭穿心般地"恨铁不成钢"吧？我们受到了一次又一次的惩罚，但我们不甘屈辱，咬紧牙关，互相鼓劲，硬是挺了过来，终于完成了任务。这也印证了"团结就是力量"的道理。我们逐渐发现，只有团结一致，才能众志成城，使团队的凝聚力得以最大限度地彰显。

时光飞逝，岁月如梭。如今，即将和教官说再见了，我的心里充满了太多的不舍，心底如同打翻了五味瓶，难以言表。

我想说，感谢您，教官。在这里，我早已不再孤单，是您帮我锻造了铁一般的意志，培养了我吃苦耐劳的精神。

记得，结营前一天的晚上，想到明天就要离开，我心中不免一酸。摸着那张睡了十三天的床，还有穿了两周的军装，心中更是依恋，就这样想着想着，我悄然进入了梦乡……梦中，我又穿上崭新的迷彩服，英姿飒爽地出入军营。路边的人看见我都不停称赞："看，好俊的一个兵！"我为此无比自豪！

回到学校，我仍然会经常回想起在基地军营的那些日子，感觉就像是喝了一杯不加糖的咖啡,先苦后甘、芬芳隽永、浓郁幽香……我想,我永远都不会忘记那两周的军营生活。我还明白,军训是一阵子的事,却足以让我们受益一生。

(指导老师/宋晓清)

致家中亲爱的老兵

——军训十三天有感

商务管理学院　陈基秀

十三天的军训生活，我用心地体会着基地里的点点滴滴，只为更真切地感受当年部队里您的感受。

我曾经无法理解您对军营的情怀，我的不屑就如同我对家中那一大箱军装的嫌弃，嫌它占位置。搬了几次家，换了几次家具家电，您仍没舍得将它们扔掉。它们不仅占了家里的空间，在您心里，它们也占据了极大的位置。即使是在退伍后，在您身上军人的素养仍根深蒂固，也潜移默化地影响着我。您总爱在家中挂中国地图和世界地图，虽然并不看，但似乎只有它们在墙上，家才完整。每天饭点收看新闻联播也是您的标志性习惯，我喜欢您每次和我讲近代史或是新闻时事时的那种热情，我想，这也是促使我和您之间无话不谈的原因吧！

为期十三天的军训，让我有幸切身实地地去军事基地感受一番年少就入伍的您的经历。电话那头的您在乐坏之余，一定也很担心我是否能适应吧？我想说，我很感激这次军训，给了我一次去了解您的过去的机会。

怀着满心的期待和些许的担忧，我和同学们一同进了军营，住进了五十人一间的宿舍，没有衣柜，没有独立阳台，没有独立卫生间，洗澡在大澡堂里，衣服全部晾在走廊，床上不许放任何个人用品。所有人盖统一的军被，起床后还要把被子叠成豆腐块状……种种规矩都似乎在反复提醒我，这是个噩梦的开始，难怪您总说我生活得太舒适了。

每天，训练占据了大半的时间，枯燥又无聊的训练内容和一个"丧心病狂"、严肃得吓人的总教官总叫人"恨之入骨"；还有一个总把"无组织，无纪律"挂在嘴边的教官，一直强调要我们服从命令，但因为他很少体罚我们，所以我觉得他还算和蔼可亲。噢，不，不是体罚，教官说了，军队没有体罚，只有训练和磨炼。这词总结得也真是精辟啊！想必当年，您也有那么一个教官吧，您会偶尔想起他们吗？还有老班长，您还记得他的长相吗？

原以为是噩梦，谁曾想过也有美梦作插曲。就像《阿甘正传》中阿甘妈妈对阿甘说的那样："人生就像一盒巧克力，你永远不知道下一颗是什么味道。"

只有经历训练的日晒和流汗之后才觉得饭菜可口，军营里的每一顿饭我都吃得很饱，很满足。您绝对不敢相信，我连挑食的毛病都治好了呢！同时还戒掉了睡前玩手机和晚睡的毛病，军营真是个好地方！晚饭后洗了澡，几个班的人坐在美得像幕布一样的军营夜空下，唱着军歌，其乐融融。简单又质朴的歌词，句句唱着教官的内心。耿直的教官或许就像您一样不善言语，但他们刚强的外表下一定有着一颗柔软的心。像在这样美的夜晚，唱着对家人的思念、对战友的情谊。这也是枯燥军营生活里的娱乐项目了吧！再者就是看军旅题材的电影，不单单是为了消遣娱乐，我觉得我们需要这种励志向上的精神食粮来强化自己的内心，坚定自己的意志，巩固自己的信念。当年的您，也是这样的吧！而如今，您仍喜欢看抗战剧，我可以理解为是对过去的一种怀念吗？抑或是一种习惯，一种"后遗症"？

最后，我想说，军训虽然结束了，但严格要求自己这一准则我仍会延续下去。短短的十三天，并不能全面地了解您过去的军旅生活，但可以让我体会您对军营的情怀。我很珍惜、很满足，也很感恩。顺便说一句，我的军装还没有扔，等着放假拿回家一起放在那个大箱子里。

（指导老师/陈伟芳）

军训五味

电子与通信学院　罗绮芳

十三天的军训生活在 11 月 21 日画上了圆满的句号。踏出军训基地，回到熟悉的校园，眼前的一切还是那么熟悉，只感觉少了当日氤氲的淡淡稚气。

这十三天的军训生活，带给我的是满满的"五味"回忆，不管是哪种味道，都是最纯、最值得纪念的味道。

酸

一听到要离开亲爱的深信校园去国防基地军训，心里顿时觉得酸酸的。在学校，有软软的床垫，有 24 小时的热水供应，有 24 小时的网络，还有优美的学习环境。在基地，每天要在 6 点半集合出早操，要整理床铺，要把军被叠成豆腐块，还要赶着吃完晚饭后以最快的速度冲回宿舍去洗澡……开始时一切都是那么令人害怕。

甜

当踏进国防基地的那一刻，我们才发觉这里并没有想象中的那么残酷，这里的天空依旧那么蔚蓝。每当夜幕降临，我们抬头还可以看见繁星点点。

我们养成了良好的作息规律，按时吃饭，比起军训基地的饭菜，瞬间觉得学校饭菜的美味营养指数直线下滑，基地的西红柿炒鸡蛋，永远都是鸡蛋比西红柿多，校长来探望我们那天还有可乐和鸡腿，还有我们的教官，他笑的时候最可爱，总像个大孩子一样，开心的时候还会蹦着跳着。他总会被我们的笑声感染，然后跟我们一起傻笑。

我们是幸福而又幸运的，我们女生住的是 8 人一间的宿舍，跟一些男生住在 50 人一间的炮库比起来，我们是非常幸福的，而且宿舍里有空调和电视。在军营这个大家庭里，我们结交了更多的朋友，这是无比快乐的事情。

苦

很庆幸军训刚开始的三四天，天气不错，没有火辣辣的太阳，不时还吹来阵阵微风。可惜，"好日子"不长，"太阳大叔"开始以最热烈的方式来欢迎我们这帮大一的"小鲜肉"前来军训。

早上八九点的太阳还不算很晒，但是要在太阳底下站十几到二十分钟的军姿就扛不住了。由于班里有同学在站军姿的时候没有打报告就乱动，于是我们全体被教官"奖励"：面向太阳站军姿。教官还调皮地把我们的帽檐掀起来，以便我们充分地吸收太阳的精华，补补钙。有的同学站太久了便体力不支，只好到一旁休息。

如果站军姿还不算苦，那"蹲下"就算最苦的了，每次一蹲，都会蹲到腿麻。因为自己的蹲姿不到位，导致膝盖受伤，到军训结束才发现膝盖部位的皮肤已经紫了一大片。

辣

中午的太阳，辣得不行，但是我们还是要顶着火辣辣的太阳继续站十几至二十分钟的军姿，有好几次我都感觉自己的双腿已经麻木，快没有知觉了。

若只是太阳毒辣还好，最怕的是总教官每次集训验收操练进度和质量的时候。每次验操，我们班都会被总教官教训一次，批评我们正步踢得不好，声音喊得不够响亮，连齐步都走不齐！还记得第一次我们女生班被留下来，在学院面前集体做俯卧撑的情形，顿时觉得脸红，红得像被辣椒辣伤似的。但这个"辣伤"级别只能算三颗星，因为还有更辣的！

在军训结营前的排演上，由于失误，我们在所有学院面前重复演练了三次，教官气得脸红脖子粗了。这跟当天太阳的火辣指数比起来，真的是不相上下了。

咸

大家都期盼的结营仪式终于到来了，每个同学都拉着教官合影，脸上洋溢着幸福的微笑。但不知是不是我们的教官害怕见到这种场景，我们连一张集体合影都没有拍。但当我们以为教官已经回家了的时候，我们抬头看见教官正在二楼宿舍的阳台上看着我们，那一刻，我们感情暗涌，强忍着泪水，微笑着向教官挥手告别。

尽管在这十三天的军训生活中有不少的"苦"，但那都是值得变"甜"的回忆。面对别离，我们总会不舍，总会记着那些感动的画面。

当校车驶出大门时，我看见区队长在路上帮我们"开路"。烈日当空，可爱的教官们为了让我们能早些回校，为我们拨开了一条顺畅的路，那时流下的感动的泪水，满是咸涩。

我的回忆中又多了一段精彩的片段，它很珍贵，很美，这是踏入大学生活伊始最珍贵的影片。

（指导老师/张天成）

到　站

——写在军训结营前夕

软件学院　蔡炳锐

人生，是一场漫长的旅行。

从一个地方到另一个地方，有的人是驾车，有的人是坐飞机，有的人是搭乘大巴或火车，但是始终，你会抵达一个又一个地方，欣赏各种不一样的风景，搭乘不同的交通工具，体会不一样的风景感悟，完成自己旅行中一段又一段的旅程。军训，也只是旅行中的一小段插曲罢了。这一次，我们坐上了军训的这班列车，而结束军训，也只是从车上下来，前往我们的目的地，朝着我们旅行的目的地继续前行。

列车即将启动，军训的旅途即将开始。

在这十三天的军训生活中，有无数风景，从第一天就伴随着教官们的嘶吼声："都给我快点！跑起来！快点！"每字每句，都是嘶吼，我们犹如那穿越战场的战士一般，提着桶、背着包、拖着行李箱奋起前冲，抵达那神圣的主席台，开始了十三天的磨炼。为了早点回宿舍洗澡，我们用生命来呐喊，在一次次的预演上咆哮着"严格训练，严格要求，提高警惕，保卫祖国"，无论是白天还是夜晚，国防基地的上空都回响着我们的口号声。到结营的前一天，为了整顿作风，在太阳的暴晒下，软件五班从十一点刚吃饱饭就操练，在训练场上一圈圈跑着，大汗淋漓却依旧跑出了整齐的步伐。而这一切只是因为我们变得有担当了，承受得起班级责任，变得强硬起来。十三天里的一幕幕仿佛像是从电影放映机中流出一般，在我的脑海里回放。

在这班列车上，流汗、流泪、流血、大病小痛都有了，而小伙伴们重复得最多的便是那句"天将降大任于斯人也，必先苦其心志，劳其筋骨，饿其体肤，空乏其身，行拂乱其所为，所以动心忍性，增益其所不能"。的确如

此，也许很累，很无奈，很想放弃，甚至很愤怒，但是我们走了过来，的的确确走了过来，我们也定能以最好的面貌面对明天的结营，为这一段旅程画上一个完美的句号。

明天，列车即将到站。军训，即将结束。人，不能忘记感恩，回首望去，在这十三天里，和你一样喊哑喉咙的战友和教官、时刻关心你的总教官、医务室的医生，就连帮你收拾垃圾的宿舍阿姨，还有食堂为你准备饭菜的叔叔阿姨，这些，都是你应该感谢的对象，难道不是吗？

耳边，回想起那个晚上我们学过的那首歌，"离开部队的那一天，天空并没有下着雨，离开部队的那一天，说好你要来送行……"也许明天的确不会下雨，教官也的确不来送行，不过我们的呐喊声也许还会在这国防基地的上空回荡好久，响彻云霄。当列车到站时，沿途风景将成为过去一段美好的记忆，而我们还要继续我们的旅行。

离开并不是结束，只是我们从这一班列车上下来，踏上开往另一个站台的旅程，继续我们的旅行。稍作休整，我们还要继续前行，人生的路，还有很长，路依旧在脚下，向前走吧少年！

我们，即将离开，感谢教官们，感谢军训！

驶入军训站台，列车即将到站，而新的旅途也在到站的同时开启了……

（指导老师/赖旭珊）

强我少年魂，成就中国梦

财经学院　张泽琳

　　梁启超在《少年中国说》里写道："故今日之责任，不在他人，而全在我少年，少年智则国智，少年富则国富，少年强则国强，少年独立则国独立，少年自由则国自由，少年进步则国进步。"是的，只有少年智、富、强、独立、自由、进步，国家方有未来，方能日渐强盛，方能实现中华民族的伟大复兴。大学生作为国家最有希望的一代，是国家后备兵源的重要组成部分，所以我们要肩挑加强国防后备力量和国防建设的重任，积极参加军训。

　　2015年10月25日—2015年11月6日，我们度过了这为期半个月的军训时光。从我们踏入国防教育基地的那一瞬间，我们就拥有了一个全新的身份——受训学员。是的，穿上了这一身迷彩服，我们学的第一课就是一切服从命令，听从指挥。正如教官教我们唱的《严守纪律歌》中的歌词："人民军队有铁的纪律，服从命令是天职""令必行，禁必止"，我们从教官的身上感受到了军人就是以服从命令为天职，感受到他们严守军人之职责，严守军人之本色，真是令人敬佩不已。

　　军训期间我们学习了基础的军事理论知识，掌握了最基本的军事技能，实现了从体能到意志的全面锻炼。站军姿看起来虽然毫无难度，却是一切军事动作的基础，万丈高楼平地起，只有站好军姿，才能做好后续的军事动作。于是举目所望皆是挺拔的身影，骄阳下即使汗流浃背亦不动如山。不断训练的齐步走、正步走也让我们明白团结一致的重要性，倘若没有集体里每个人的努力与付出，如何能有一个高凝聚力的团体，如何能做好汇报表演？我想，在今后的学习和生活中，团结与合作的意识都将使我们受益良多。

　　军训在很多人看来是痛苦的，而我却不这么认为，军训不只是一个历练的过程，更是挑战自我，超越自我，进而完善自我的过程。所以我更愿意把

军训的苦转化为日后努力奋进的动力。在这短短的半个月里，我们严守纪律，团结一致，刻苦训练，磨砺心志，强健体魄，同舟共济，相互鼓励，收获满满……"古之立大志者，不惟有超世之才，亦必有坚韧不拔之志。"我们生在和平的年代，更要严格要求自己，加强身体素质和心理素质，保持良好的生活作息习惯，增强组织纪律性和团体合作精神，努力把自己塑造成能当重任、堪当重任的人。

在结营之时所有学员依次进行了分列式、军体拳、全体队列会操、大合唱等汇报表演，再一次展现了我们军训的成果。在这收获的日子里我们相视一笑，感受快速成长带来的喜悦。我们也许在这期间累过、痛过、埋怨过、不甘过、欢笑过……军训虽已结束，但这些曾经在我们美好的大学生活里存在过，对我们而言就已足够。

军训好似一场梦，醒来我们又要开始新的征程，孕育新的梦想。没有梦想的人注定难以远行，没有梦想的民族注定难以强盛，没有梦想的国家注定难以崛起！正是因为深知这点，中国自古以来就是个富有梦想的国度。我们每一个人有梦，中国亦有梦！中国梦——强民、强军、强国之梦。为了祖国的美好明天，每一个大学生都应顺应时代要求，投身国防教育训练，用自己的切身行动一步步实现中国梦。

"路漫漫其修远兮，吾将上下而求索。"中国梦永在，要依靠我们一代代人的力量，让我们在最珍贵的年华里用优异的成绩去实现各自的人生价值，去实现我们每个人的梦。强我少年魂，成就我们的中国梦！

（指导老师/苏曼霓）

感谢军训的那些日子

计算机学院　陈佳纯

这一次军训并不是我的第一次军训，每一次军训都给我留下了深刻的记忆。感谢那些军训的日子，在那些日子里我学到了很多，成长了很多，收获了很多。

军训是一种锻炼

走齐步锻炼了我的团队意识。在团队里，一个人走得再好也不算真的好，一个人的优秀不算优秀，一个人的成功不算成功，要把集体的利益放在第一位。整体大于部分之和，只有整个集体都做好了，才是真正的成功。

站军姿磨砺了我的意志。我是一个意志不坚定的人，很容易受其他事物的影响，做事情总是三分钟热度。然而这样的我，却能站军姿站一个小时都不动。我严格要求自己，坚定意志，相信自己能做到最好。

军训是一种锻炼，锻炼了我的体格、我的思想、我的意志……

军训是一种收获

在这短短的十三天里，我收获了很多很多。这种收获不是物质上的，而是精神上的。物质的东西会随着时间的流逝一点一点地磨损，最后消亡。然而精神上的收获却会一直在往后的日子里伴随着我，让我越走越远。

我还收获了珍贵的友谊。我的手以前骨折过，在进行正步摆臂练习的时候被旁边的同学撞到受伤之处，疼痛便冲击着我。然而军训的训练是严格的，我不能因为一点点伤痛就放弃训练，就像那句口号"严格训练，严格要求，提高警惕，保卫祖国"。在这段时间里，朋友的关心给了我坚持下去的勇气，也让我觉得心里暖暖的。我们在军训的日子里，彼此鼓励，经过军训，"革命"的感情坚不可摧。

军训是一种成长

每一个人生路口的转折都会带来心灵上的成长。军训是我们人生中很重

要的一部分，我们没有服兵役，军训是我们唯一一个体验兵营生活的机会。军训是一种成长，让我变得勇敢，变得坚强，变得不再怕受伤。只要心中有梦，有你所要坚持和守护的东西，你就能坚持下去。拿过枪，经过军训的洗礼，我更热爱我们的祖国。正是因为有无数的军人拿起枪保卫我们的祖国，我们今天才能安定地坐在学校里学习。军训的时候看的《血战陈庄》《浴血雁门关》，在那个动荡不安的年代，"安定"这个词是那么的遥不可及，我不禁想到一部电影里的台词："我们觉得平平无奇的现在，是他们想都不敢想的未来。"所以我们要珍惜现在安稳的生活。感谢无数革命先烈，没有他们的付出和牺牲，就没有今天的我们。

感谢军训的那些日子，特别是在感恩节的今天，我衷心地感谢。感谢教会我们无数人生道理的教官，感谢教育我们的老师，感谢养育我们的父母。

感谢军训的那些日子，它们将会带领我勇敢地走向心中的梦。

（指导老师/吴迪臻）

我的中国梦

财经学院　　庄秋秋

　　时光飞逝，我们懵懂的大一生活就这样悄悄地到来了。入学没多久，迎接我们的是一段既艰辛又难忘的军训生活。军训期间，有欢乐也有苦痛，有成功也有失败。但无论如何，留下的记忆是难忘的。

　　提到军训，要说的还是军训的苦。苦在磨出泡的脚，苦在踢正步踢麻的腿，苦在站军姿时累酸的腰……一开始我当然也有退缩的时候，但是越到后面，我的意志越加坚定，这些苦便也不算什么了。我想，军训就是一个过程，一个考验自我、磨炼自我的过程。虽然苦，但它让我更加懂得珍惜现在的幸福生活；虽然累，但它让我体验到了超出体力极限的快感；虽然严，但它让我更加严格地要求自己。大雨洗礼后的夜空会有满天星斗，我相信，军训后，我也会拥有一个更加绚烂的星空，会有一个更加美好的明天。军训期间的收获，必然让我受益终生。无论今后我做什么，只要想到今天的苦与收获，一切艰难险阻都会变得无所谓了。

　　透过军训，我也发现，作为新一代青少年，我们还是温室中的花朵，吃不了太多苦，也受不了太多罪，但这样下去，我们怎么能担负得起中华民族复兴的重任呢？

　　回首中华民族，从"东亚病夫"到"东方巨龙"，从"饱受屈辱"到"和谐社会"，有多少中华儿女为了今天的中国倾注了他们满腔的爱国热情。他们凭借着吃苦耐劳的精神，用勤奋的双手创建了祖国的基业，使祖国变得更加强盛。但中国仍处于发展中阶段，对比发达国家，经济仍相对落后。我们作为新中国建设的接班人，在以后是否可以艰苦朴素，建设美丽祖国，是否可以勤奋努力，创造卓越成就，是否可以在地球人物史上留下辉煌的足迹，这些对于中国的发展都是至关重要的。少年强则国强！作为祖国花朵的我们，

也是时候该脱离温室，吃苦耐劳，为中华之崛起而读书，用奋斗、用双手和智慧将中国这块铁锻造成锋利的剑！

透过被晒得黝黑的皮肤，我可以感受到血液的沸腾。军训，就如梦一样，匆匆地向我跑来，又在我没有细细品味那份感觉的时候悄然而逝，剩下的疲劳在肩头隐隐告诉我：少一分娇气，多一分坚强；少一分依赖，多一分自强；少一分怨天尤人，多一分勇往直前。

我想，不必惆怅时光如流水逝去，因为这段记忆将成为我生命中不可抹去的一部分，它会在我遇到困难时给我动力，支撑着我在旅途风雨时飘摇的心灵，引领着我一步步走向社会，让我更加成熟。

"少年强则国强，少年独立则国独立"，振兴国家，匹夫有责。最后，借习近平总书记的一句话来勉励自己：空谈误国，实干兴邦！

（指导老师/苏曼霓）

2015，梦飞扬

商务管理学院　吴慧敏

　　人们总是说，军训是苦的。我们到基地的第一天，教官就很明确地告诉我们："你们来这里就是来吃苦的。"

　　其实，也不尽然。

　　国防教育基地里，有一首歌是这么唱的：

　　"战士的生活就是这样，

　　有苦有乐有声有色。"

　　每天站二十分钟的军姿，是苦的；用一整天的时间练习走正步，是苦的；顶着太阳汗流浃背，训练得一身疲惫，是苦的。可是，持续站军姿二十分钟锻炼的是耐力；在练习正步的过程中，整个班集体一起配合，从最初的混乱到最后的整齐有序，在磨合中产生默契，锻炼的是团队协作精神；在疲惫不堪的身体状态下，坚持训练并努力把它们做好，锻炼的是人的意志力。

　　军训生活看似枯燥辛苦，然而其中的体悟与收获、感动与喜悦，怕是只有身在其中的我们才能深刻地体会。

　　军训到后期的时候，很多同学都进入了疲惫期，其中也包括我。和许多同学一样，在这个过程中我生病了，夜里睡不好，白天还要在太阳底下忍受高强度的训练。在这样的情况下，我对训练开始显得力不从心，并且开始有些敷衍。这时区队长对我们说，越是艰难的时候，越能考验一个人的意志。他是对的，我不愿意承认自己是个意志软弱的人，所以我坚持下来了，同我的许多同学一样。

　　军训带给了我许多美好的东西。我的身体素质增强了，我的精神面貌提高了，我的意志更刚强了，我的团体和纪律意识更强烈了，我渴望在大学里能够成才的意志和信念更坚定了。

　　为期十三天的军训生活结束了，而在军训生活中养成的好习惯、获得的感悟，将依旧陪伴我度过我的大学生活，并带领着我马不停蹄地奔赴下一个新环境。而我的经历只是诸多大学新生在军训中的一个缩影。我相信他们在军训中所获得的感悟，一定不只这些。我也相信军训生活带给大一新生的收获，将陪伴着他们在大学这片新天地里大展拳脚。

　　蔡元培先生曾经说过："只要培养出一大批学者，国家就有希望。"由此可见，实行高等教育对于实现国家富强，具有多么重要的意义！当代大学生实则担负着民族振兴的重任啊！而军训则使得大一新生在刚步入大学的这个阶段里更好地完善了自己的一些不足。从这个意义上来说，军训对于促进中国梦的实现是有积极作用的。

　　习近平主席说过："实现中华民族伟大复兴，就是中华民族近代以来最伟大的梦。"二十一世纪，全球化、信息化的速度不断加快，知识显露出它们越来越重要的战略地位。当代大学生接受着高等教育，将成为祖国新时期建设的中流砥柱，理应志存高远，为实现中国梦作出自己最大的贡献。中国梦的实现，是当代大学生梦想的实现；当代大学生的梦想的实现，是中国梦的实现！

　　中国梦、强军梦、教育梦，梦想飞扬！

　　2015，让我们一起起航，让梦飞扬！

（指导老师/曹小燕）

军训苦与乐

计算机学院　张康乐

还记得高一时军训的烈日和教官严厉的训斥声，而一转眼，我已经在参加大一的军训了。时光飞快，如指间沙，瞬间流逝……

军训，渗着泪水和汗水，透着深呼吸，高度紧张的思维和敏捷有力的动作无一不构成一道道靓丽的风景线。我们穿上军装，由原来的懒散步伐到几天后的整齐划一，由原来的娇生惯养到几天后的坚强独立。军训这几天，带给我们的除了肌肉的酸痛，更多是对生活的认识，它让我们学会了太多平时在校园中学不到的东西。军训磨炼了我们的意志，把我们的部分生活推到了极限，我们的精神面貌也焕然一新。

渐渐地，我发现，走路时我会自然而然地抬头挺胸了，站立时我会习惯性地挺直腰杆了，在一个人的时候我会哼起那首"日落西山红霞飞，战士打靶把营归……"这些都是因为军训而改变的。在军训中，我们苦过、累过、笑过。我们站在烈日下，皮肤一天比一天黑，在暴雨中狂奔，全身湿透；我们为了把动作练整齐，反反复复地练习，直到全身酸痛；我们学唱军歌，和教官畅谈，笑声迭起。这是一种痛并快乐着的美好回忆，也是我们这群新时代青年的宝贵财富。我觉得我们这些孩子，吃的苦太少了，需要军训来磨炼一下。

在军训中，我最喜欢的是站军姿。军姿是最美好的姿态，双脚分开约60°，脚跟并拢，双手紧贴裤缝，前后贴紧不留缝隙，两肩后张，收腹，下额微收，抬头挺胸，目视前方。军姿展现的是军人的风采，也体现出一种从容的美——坚定、坚强、坚毅。硬骨傲苍穹，笑傲风霜雪。站军姿时，感觉有股浩然正气直贯长虹。如果青春是首动人的歌，那军姿就是其中最铿锵的旋律。

都说当兵的人是最可爱的，在这次军训中，我终于体会到了这句话的内涵。教官响亮的口令、整齐的步伐，都让我深深折服。"一，二，三，四"的口号声，在某一时刻，我竟觉得是世上最动听的声音。当教官用沙哑的喉咙唱起那首《第一天当兵》时，我不禁落下了眼泪，有种感情在内心喷发，那是对军人的浓浓敬意。

人只有在经历过挫折之后才会变得更加成熟，在困难面前才会更加坚强。我们放下那一份伤感，小心翼翼地拾起断续的梦，带着虔诚的信念和坚定的决心，在大学中积极进取，在生活上勇往直前。

军训的日子就像风雨过后的泥土，经过了无数次的洗刷，最终会沉淀下去，直至融入我生命中的最底层……

军训，真的让我学会了很多，同学之间的团结友爱、师生情、军民情，好多感情共同发酵，凝聚成我脑中最美丽的回忆！

（指导老师/张　翔）

中国梦之军旅

交通与环境学院　李伟铭

　　军旅在每一个人的眼里都是一个严肃、充满热血的地方。在那儿有着严谨的条令、条例，有按时按点的安排。而就是这么个地方，牵动着无数热血男儿的心。每一个有血性的男人，从小到大都有着一个军旅梦，立志当一名军人保家卫国，直到最后因为某种原因放弃这梦，投入平常的生活中去。

　　今天，我在深圳国防教育基地的十三天军旅生活已经圆满落幕，但我的心却久久不能平静，还一直沉醉在军训的日子中，不能自拔。这段日子承载了太多太多的回忆，有同学之间的欢乐和烦恼；有与教官之间的嬉笑玩闹；在同学因为某事而发生争吵、在想放弃的时候，有同学的鼓励和帮助等。这十三天中有太多难以割舍的回忆了。在这十三天中，我学到了太多的东西，除去基础学习的军姿、转体、敬礼和分列式等日常的训练外，我还学会了如何与同学相处、如何去面对困难与处理事情。这里有的不只是条令、条例，还有着做人的道理和人与人之间的礼节。十三天的军旅生活，说长不长，说短也不短，但就是这样的十三天，让我们吃尽了苦头。每天都有走不完的齐步、踢不完的正步，要是一项标准没有达到，就会有让人身心疲惫的体能"奖励"。就这样痛苦地度过了十三天，但回忆起来却是那么的不舍。俗话说得好，"军训一阵子，受益一辈子"。

　　军训的第一天，教官就给我们好好上了一课，让我们知道军人要的是团队意识和团队合作精神。在这里没有所谓的个人，有的只是一个集体，而集体的名字就叫军训三班。我们学习的每一个动作的标准都以集体为准，个人做得再好也是假的，集体中一个人出错，就意味着集体要重新做这个动作。齐步、正步、分列式都对团体配合要求很高，要一样的摆臂高度、一样的踢腿高度和整齐的排面。所以，要做好一个动作，就要经过好几天的训练，锻

炼团体的合作精神，培养团体之间的默契感，这都是我们要在军训中学习的东西。除了这些，军训还让我们同学之间的友情更加牢固。十三天一起训练，一起吃饭，一起睡觉，一起吃苦，一起接受教官的体能"奖励"。这一切都很好地促进了同学的友谊。而在训练中更让我们明白了同学之间互帮互助的可贵，共同完成教官下达的动作要求，在互相迁就中明白集体的重要性。

军训的每一天都在锻炼我们的意志，锻炼我们不怕吃苦的精神。每天十分钟的军姿和基础的体能让我不得不承认，我们学生在日常生活中缺少运动。只站十分钟，我们的脚就会发抖，我们的手臂就会发酸。一个下蹲三分钟，我们的脚掌就会发麻，会坚持不了乱动。这一切都表明了我们平时缺少锻炼，而这十三天就让我们好好地锻炼了一番。

这十三天的军训生活，让我庆幸我来了，也不后悔，因为这可能是我们最后一段军训生活了。在这里感谢基地教官的教导，教会了我们许多，也让我们学到了许多，这十三天让我们有了强壮的体魄和坚强的意识，还学习到许多国防知识。这段军训生活给了我们一个强大的梦，并让我们为实现这个梦而努力，而梦也有着个美丽的称呼，它叫"中国梦"。

（指导老师/丁　莹）

十三天的军训生活

机电工程学院　钟玲琳

光阴似箭，日月如梭。转眼间，为期十三天的军训生活，也是最后一次的军训，就这么在教官的一声声口令中飘走，在教官一次次的动作演示中滑走，在教官一句句的嘱咐声中流走，在我们一声声的口号声中飞走，在我们一次次的练习中溜走，在我们一首首的红歌中逃走。没有声音，也没有影子。

十三天的军训生活短暂却充实，辛苦却快乐。在这里，我们抛下所有社团活动，抛下所有课本书籍，抛下手机和网络，专心致志、一心一意地训练、交朋友。十三天的军训生活使我们从互不相识到彼此熟悉并且团结一致，十三天的军训生活让随性的我们做到了真正的"站如松，立如钟"，十三天的军训生活让懵懂的我们懂得了什么是军人，十三天的军训生活让懒散的我们体会了军人生活的紧张感，十三天的军训生活让孤芳自赏的我们明白了团结的重要性，十三天的军训生活让安于现状的我们懂得了忧患意识，十三天的军训生活让天真的我们重新审视自己的生活，思考人生和梦想，十三天的军训生活，让迷茫的我们更加了解中国梦，懂得"强军梦"是中国梦之首，懂得了原来中国梦凝聚了每一个人的力量和梦想，而且具有个人和国家、集体利益一体化的特点……

十三天的军训生活，或许会有人抱怨训练辛苦、住宿环境差、伙食不好等等。但是如果没有这十三天的军训，我们又怎么会懂得以上的种种呢？没有这十三天的军训，我们又怎么会聚在一起并很快相识相知呢？如果没有这十三天的军训，我们又怎么会更加成熟，更加坚强，更加有毅力呢？四个学院，将近三千人都在同一个地方一起做着同样的事情，这是多么大型的一次活动！不管是我们平时组织的哪一次活动，都没有这一次那么多人、那么大型，何不好好珍惜？更何况无论怎么抱怨都无法改变现实啊！而我们在学校

里各自忙着自己的事情，有多少时间能一起坐下来好好聊聊、谈谈心呢？是军训给了我们这样的机会，让我们共同去体会什么是集体，什么是集体荣誉感，什么是团结。这是多少真金白银都买不来的人生财富啊！

对我个人而言，我觉得这次军训对我影响很大。以前的军训只有四五天，基本上都是玩过来的，阅兵最难的也只是齐步跑。然而这一次的大学军训却完全不一样，它为期最长、最严肃、最认真、最难。当然，让我们学到的东西也是最多的，从行为到思想、从外在到内在，无形中学到的东西将使我们受用终生。

这次军训于我而言是一个考验，是一次磨炼，也是一种生活体验。我热爱它，如同我热爱生活；我享受它，即使辛苦劳累也可以苦中作乐；我认真对待它，如认真对待生命；我接受它，如接受每一次失败和挫折。而它给我带来的也是美好的，就如我待它的态度一般。它让我懂得，要正确对待失败；它让我懂得，坚持就是胜利；它让我懂得，团结就是力量；它让我懂得，中国梦不只是个人梦或者只是国家梦，而是凝聚着每一个人的力量和梦想，具有个人和国家、集体利益一体化的特点……这些东西都是从课本上学不到的，只有亲身去感受，才能懂得其中的奥秘。我是如此感谢有这样的军训生活，让我可以完善自己，使我成为更好的自己。

十三天的军训生活，真的很短暂，但如果好好体会，认真思考，真的会影响甚至是改变我们的一生。真的感谢军训，感谢我们的教官们，让我们得到了成长，体会到了不一样的精彩！

（指导老师/陈源波）

苦与乐的升华

软件学院　刘锦婷

　　带着师兄师姐临行送别的嘱咐，我们登上了前往国防教育基地的大巴，开启了为期十三天的军训之旅。这一天，是 2015 年 11 月 7 日，阳光明媚，窗外挥手的人儿满眼热泪。

　　在车上的人心情十分忐忑，却也激动不已，连闭目养神都难以继续，只好睁开眼睛，仔细地打量这路上的风景，毕竟要完成十三天的封闭式训练呢。来来往往的车辆、急速倒退的树木，都让我真切地感受到，我的的确确在去"改造"的路上。

　　约莫半个小时之后，我们到达了基地，经过主席台后门时，一排排庄严威武的教官已经在主席台前等着我们了，我们不禁肃然起敬。下了车之后，匆匆忙忙地拖着行李按班集合，四周都是教官的怒吼："快点！跑步！跑步！"听得人心头颤抖……我们在找到自己所在的军训班级之后，开始清点人数，然后教官带着我们找宿舍，对传说中的八人间满怀期待地提着行李上楼，途经的集体宿舍传来一阵阵怪味，当前面的人群停下时，我的脑袋有片刻的空白。我们住的是这样的宿舍！我的内心几乎是崩溃的，闻着空气中说不出来的"销魂"味道，看着又窄又差的破旧宿舍，在教官的严令下，我们还是不得不涌入其中，放下行李后到主席台前集中开会——参加第二批军训开营仪式。

　　开营仪式上教官的话我大多忘记了，但有一句话我至今印象深刻，那就是"合理的是训练，不合理的是磨炼"。这句话作为我在基地唯一的精神支柱，支撑着我度日，当我觉得委屈、难过时，这便是最好的慰藉。因为当时开会时集体坐姿不好，便被罚了十几分钟的蹲姿，便有了总教官这句半是"下马威"，半是教导的话。这句话可以拿来诠释，为何男生住带独立的卫浴、

空调、电视机、阳台的豪华八人间，而女生却住拥挤脏乱的二十八人间的集体宿舍。不合理的是磨炼，因为有这样的教导在前，所以心里少了很多不甘，而这省下来的不甘，转化成了军训训练的补充能量。

军训，是集体的快乐，也是集体的痛苦。

有过几次和男生班拉歌的经历，练军体拳的班级经常被集体带到主席台去练拳，剩下的几个闲散的班级就在各自教官的带领下围坐在一起，一般活动都是唱歌拉歌，偶尔才艺表演。当三四个男生班和一个女生班同处一片草地时，气氛是很微妙的。不同班级相互较量更卖力，起哄声、嘘声不绝于耳。为了班级荣誉，大家都是撕开嗓子吼歌，真的是做到了用生命在唱歌啊！那种为班而战的集体荣誉感十分强烈，并使人愉悦，一场拉歌的活动进行下来，大家都笑意盈盈，意犹未尽。加上朦胧的夜色壮胆，同学们都放得开，玩得嗨。这样的快乐，属于集体。

当然，痛苦也是由集体一起分担。说实话，军训的训练强度并不大，站军姿、走齐步、踢正步，训练 50 分钟就休息 15 分钟，而且是在夏末，晒的是威力受挫的太阳。我们的痛苦来源于教官的完美追求，我们的蔡教官，把要求提高到一个极致，这样直接导致的后果是我们常挨骂、常受罚。我最怕压腿，压腿的第一步是双膝跪在地上，然后整个身体往后躺平，与地面的线条呈百分百的吻合，第一次被罚压腿，此起彼伏的惨叫声、尖叫声充斥耳膜，我的身体压不下去，即使躺平了，也顾及不到双脚。姿势不正确，便要延长压腿时间。脚背和脚踝都是极易受伤的地方，腰也是，我记得那次有位同学下腰的时候把腰给扭了，哭得梨花带雨，却也不敢说什么，默默地打报告并起身休息。我记得，那天好几个人哭了，可能是委屈，可能是身体难受，可是没有抱怨。我们是一个集体，一步出错，集体受罚，我第一次深刻意识到集体协作的重要性。集体荣誉感萦绕心头，指挥我们努力、再努力，坚持、再坚持。我很庆幸，我所在的班级，36 个女生，也是 36 个"女汉子"，刚强勇敢，善良爽朗，犹如一个大家庭，相处得很融洽。

我们同吃同住了十三天，培养出了深厚的感情。虽然结营意味着集体生活的结束，但同时也意味着我们友情的萌芽、成长、发展。我会永远记得，上下铺的爱的传递——宿舍空间小，行李只能塞在床底，每天早上还需整理内务，所以上铺的人每天得上上下下拿东西、放东西。这时候，下铺的价值就体现出来了。我也会记得，来自隔壁、对面、下铺等四面八方的零食不定时"投喂"，不至于因为晚饭吃得早而在晚上饿肚子，分享营造出了温馨感，香溢满地，令我难以忘记。

集体生活，虽然牺牲了一些私人空间，但收获的是大大的爱，因为一起经历过，所以更加懂得珍惜。

军训改造归来，独立人格已成。

（指导老师／李　勇）

绿色·红色

电子与通信学院　丘海军

绚丽世界，色彩缤纷，而我独喜于红。红色，是三原色之一，是彩色世界的根基。

要我说，红色也是中国梦的主色，因为民族复兴并屹立于世界之林，是每个红旗下长大的中国人的共同理想与追求！军训却给了我机会，让我更加明白个人与国家的意义，也看到了这梦的另一种色彩。

时间如白驹过隙，距那十三天的军旅生活已经有些时日了，但军训时的点滴，常在脑海中浮现。军训第一天，我们身穿军装在学校篮球场候车。满怀憧憬，充满活力的"绿色"在篮球场欢呼雀跃，远远望去，恰似一片绿色的海洋，在海洋中，青春洋溢的绿花在飞扬。在欢呼涌动的时刻，我深知我们即将接受一场考验，因为绿色是花海，也是树叶，从大树的生根发芽，再到长出饱满的叶子，它一直依附在大树的怀抱，以至于整个春夏，都相依无错。然而，季节轮回不止，终究无法将岁月的脚步永驻春夏，在秋天到来之际，绿叶便会随风而落，那不是树的离弃，也不是风的追求，而是叶子的必经之路。

人也应如此，温室和襁褓虽然温暖，但我们终究会有脱离父母的怀抱而独自面对的时候。军训时，在寂寥的黑夜，褥子、枕头早已被泪水浸湿了千百回，这份无言，有的是归家的念头，有的只是纯粹的苦与累。当我们累过了，苦过了，也慢慢地从刚开始的满怀憧憬到厌恶不已转变成了渐渐地学会理解，这就是树叶从大树上飘落的路迹，即学会了适应。军训后，我们从累、从苦里面窥见了真理。父母用勤劳的双手换来了如今安稳的生活，我们应当学会理解父母的酸楚，学会感恩。这是军训给我最直接的感悟。

军训中，曾有人向教官提出疑问，问教官想家吗？而教官的回答也简单明了，想，但又能如何？我突然思忖开来，在中国的各个角落，哪里不曾留下军人的足迹呢？哪里又没有几个抬头望月的绿色身影呢？我想，那一双双满怀思念的明眸，一定也是孤楚的，但思念又能如何，使命丢不得啊！保家卫国的信念早已烙印在军人的心中，这份信念令我动容，他们为中国付出了太多！而我想，作为中国公民的我们，也应该替祖国出一分力，正如中国梦，是千万个百姓梦汇聚在一起的祖国梦。身为学生的我们，主要的任务还是努力学习，练就一身好本领，将来为社会服务。

军训，使我学会了去理解一个人，理解一个社会，理解一个国家。国家的富强与千万百姓牵系在一起，只有人人承担一份责任，这社会才会变得更好。而生命的每一份担当，都应发自内心深处的感动。它像红绿两色的印记，时刻坚驻在我心中。

（指导老师/王　超）

军训之歌

软件学院　余海源

　　回眸往事，军训已过去了一个星期，但那段日子就像一首激荡灵魂的歌曲，永驻我心间。今夜，我静坐一角，任思绪化作微风，轻舞在这寂寥的夜空之下，细细品味这首歌曲……

　　在曲中，回荡着纪律的旋律。忘不了在军训第三天的晚上，正当我盖上被子准备睡觉时，一阵连续紧促的哨声突然传来，接着就见教官杀气腾腾地走到我们宿舍门前，对我们吼道："快起来，紧急集合了，听不到哨声吗？"我愣了一下，起身、穿衣、集合，根本没时间想为什么。当2号楼的全体学生集合后，总教官给我们的第一个命令是"全体拳头俯卧撑"。在不解与疑惑中，我们撑在了地上。之后，总教官慢慢地给我们讲述了我们受罚的原因——违反纪律。这才有了今晚的一个小小的"警告"。他告诫我们，在部队就要有部队的样子，坐有坐姿，走有走法，即使玩也要在纪律之下。那一夜，我深刻地体会到军营里"军纪如铁"的真谛。

　　在曲中，响起了礼节的旋律。在国防教育基地，礼仪也是我们学习的重要一课。不说平常见到老师、教官时的问好，也不说开会、听课时的肃穆，单是进饭堂时的禁言、吃饭等，就可见一斑。它涉及我们日常生活的方方面面，教我们做一个懂礼、守礼、行礼的人，做一个真正知"礼"的中国人。在这里，我重拾了中华民族的传统美德，也有点明白了孔子所说的"礼"的意义。

　　在曲中，歌颂团结。《团结就是力量》是军营里必不可少的一首歌，它完美地述说了部队的基本准则——团结。在部队里，形成一个单位的是集体而不是个人，它强调"一荣俱荣，一损俱损"。不管你个人的能力如何，在部队面前都是渺小的，唯有懂得团结，才能把每个微小的力量结合起来，形成一股洪流，冲破一切障碍。只有懂得这个，才能在部队里生存下去，不然那只是一盘散沙，毫无意义。在这里，我明白了团结的意义，懂得了要为集体作贡献，共同营造一个大家庭。

在曲中，散播坚持。犹记得，一开始，由于同学们纪律散漫，我们免不了一番"奖励"，其中"奖"的最多的就是俯卧撑。在支撑的过程中，我曾不止一次想要放弃，想要学别人一样在那里"装"，偷一下懒。可每到这时，我脑海里总会浮现教官在军训开始时所说的话："军训合理就叫锻炼，不合理就叫磨炼。"现在我不正是在进行一种磨炼吗？假若我现在放弃了，那下一场磨炼怎么办？也放弃？可人生中的磨炼真的只是这么一两次吗，我还拥有多少次放弃的机会？……想着再坚持一下就结束了，在这样的心理暗示下，我一次次地坚持了下来。就这样，我一次次完成了自己的"体能科目"，没有偷懒。它让我收获了人生中一笔丰硕的财富，明白了人生中最大的敌人永远是你自己。

曲中，还有许许多多的音符闪现，可我已不能一一细细聆听。军训时，我哭过、笑过、怨过，也苦恼过。虽已过去，但这首军训之歌终已成为我脑海中一段无法磨灭的记忆。

（指导老师/梁海琴）

燃情岁月　筑梦军营

软件学院　黄尚业

告别高中，拎起青涩的行囊，迈入大运村，这是我们的母校，我们有幸成为信息学院光荣的一分子。国庆过后，我们又迎来了为期两周的军训生活，也揭开了属于我们"90后"的燃情岁月。在那里，我们编织着自己美好的未来梦想。

青春，激情燃烧

在军营，我们这些热血沸腾的"90后"，每一天都在燃烧迷彩青春……

早晨，天刚蒙蒙亮，初冬的基地军营还有点凉意袭人。晨号响毕，我们带着些微困倦和不舍，一骨碌起来，迅速穿上装备，洗刷完毕，快步来到训练场，开始新一天的训练。在军营里，在骄阳下，一列列、一排排身穿迷彩服傲然挺立的身影正接受着教官的严格训练。"稍息，立正，齐步走……"在教官的一声声号令下，我们服从命令做出各种动作，喊出一声声口号。也许，我们的动作不是最标准规范的，我们迈出的步子不是最整齐的，但谁又能否定我们的努力呢？

阳光下，我们站着笔挺的军姿，一脸认真，那神态洋溢着青涩的军人气息。十三天的军训生活，是苦，是累，但更多的是对精神意志的磨炼。

军训中，我们吃了不少苦头，但同时我们也懂得了许多的道理，例如如何与人相处、如何与团队协作等。我们都明白了，集体高于个人，团队利益才是战斗力的最佳体现。个人的力量是有限的，集体的力量却是无穷的。有道是"众人拾柴火焰高"。一个人犹如一滴水，只有融入大海，才会拥有排山倒海的巨大力量。

在这里，我们学会了坚强。只有坚强的人才能在布满荆棘的人生路上走得更远；在这里，我们还学会了真诚待人、尊师重道，对领导、对老师、对教官、对同学都必须怀着一颗真诚的心，只有真诚相待才能更加团结。

在这里，我们不再似以前那样柔弱，体质也得以增强。因为军训，我们变得勇敢坚强；因为军训，我们懂得做人要抬头挺胸，面对困难不要轻易低头。

面对困难，我们毫无畏惧；对汗水，我们尽情挥洒；对军营，我们满心欢喜，一任心中的青春火苗熊熊燃烧！正如训练场上挂的横幅所写的"军纪如铁，意志如钢，深信学子，激情飞扬"。

是的，激情飞扬，这就是我们军旅生活的真实写照！

军营，放飞梦想

军训，让我们展现军人的风采，收获成长的喜怒哀乐。古语有云："天将降大任于斯人也，必先苦其心志，劳其筋骨，饿其体肤，空乏其身……"我想，作为当代大学生的我们，只有拥有坚强的意志和强健的体魄，才能更好地规划我们未来的大学生活；才能更好为社会服务，为国家作贡献；才能像邢校长在给新生的第一课上讲的那样，不断挖掘潜能，锻造精彩人生。

在这里，我们还开展了"中国梦"专题系类活动，开展了各种讲座、电影展播、拉歌讲演等赛事，还积极开展自救互救学习。在这里，从早到晚，你都可以听到雄壮有力的大合唱，此起彼伏、整齐划一的口令声，还能经常看见汗流浃背的同学们，在这里编织并放飞自己青春的梦想、成才的梦想、富国强军的梦想！这些梦想或许还不够成熟，还显稚嫩，却在这军营基地，播种、生根、发芽！色彩绚丽，令人向往……

白驹过隙，时光如流。短短十三天的军训生活已经结束。回想起来，我不禁觉得那些日子真的很苦、很累，但说实话，我却从未想过要放弃。其实，再苦、再累都不重要，重要的是我们逐渐变得内心强大；学会了团结，学会了遵守纪律，在军营铸造了自己多彩的人生之梦。

燃情岁月，筑梦军营，我们乐此不疲，并将怀念终生。

（指导老师/宋晓清）

舍不得

软件学院　邓沙沙

十三天磨一剑，明日利剑开锋。

回首之前的日子，如白驹过隙。第一天来到这里的时候，我是如此迫切地想要回家，而现在，到了正式离开的时候，我却发现自己是如此的舍不得，舍不得这个十班，舍不得这个宿舍，舍不得我的舍友，舍不得3号楼那两个慈祥和蔼的阿姨……这一切的"舍不得"，我也只能把它们化作一行行文字。思念，在字里行间闪烁跳跃。

我舍不得这个十班。因为它教会了我什么叫作团结，什么叫作奉献，什么叫作舍小家而全大家。而我们的班长也教会我许多。她是一个多才多艺的女孩，唱歌表演样样精通，她亦是一个可爱直率的女孩，为了让我们"偷点懒"，在教官的眼皮子底下"阳奉阴违"。

我舍不得我那些510的舍友。她们幽默、风趣、可爱、机灵。开始时，我们彼此并不相识，她们却在我生病时如姐妹般对我嘘寒问暖，让我倍感温馨。510，一个"爱"的数语，在此时此刻又多了一层含义。

我舍不得3号楼的阿姨。刚到宿舍的时候，入眼是干净的地面，整齐的房间，睡觉盖的是经过紫外线消毒的军被……这一切的一切，都是由两位阿姨为我们做的。第一天报到后，阿姨为了消除我们思家的心绪，特意找我们拉家常，让我们尽情享受了撒娇的乐趣。她们无微不至，心细如发。于年龄，是长辈，于感情，是挚友。她们，让我的内心深受感动，让我的内心充满温暖。

我最舍不得的是我们的"黑面"教官。这位被其他教官戏称为"黑鬼"的教官，个子不高，力量却惊人。他皮肤黝黑，内心却善良纯洁。表面上，他对我们这帮温室的花骨朵儿没有丝毫温柔，非常严格。但正是这种严格增强了我们的体质，磨砺了我们的精神，培养了我们的毅力，我们不再会因为一点小磕小碰而大呼"好痛"。他严格，却又"口是心非"；说讨厌我们，却又谆谆教诲。我们都知道，在他的内心里他总是说："我最喜欢你们了，你们最聪明了。"他耐心，他执着。他一遍又一遍地教导，不厌其烦地纠正。他同时也身兼"歌神"。一首首动人的军歌从他嘴里唱出，从《团结就是力量》到《一二三四》，再到《日子一天天过去》，他的声音时常环绕在我们这帮女生周围，他讲述的军营故事也时常被我们谈起。

这场为期十三天的军训终于到了尾声。天下无不散的筵席，分离的日子终将到来。筵席会散，十班永远不会散；教官会和我们分离，但我们之间的友谊永远不会分离。这场军训教给我的除了军姿纪律，还有不离弃、不放弃的精神。这份经历我将永远铭记在心。

（指导老师/李　勇）

咱是兄弟咱是兵

软件学院　辜加松

这段军旅生活，必将深深烙印在我们脑海里，并时时刻刻影响着我们，改变着我们。

半个月的苦与累，铸造了新的我，也让我认识了一个铁骨柔肠的教官，融入了一个向上的集体。这半个月，所有的苦都是乐的，所有的汗都是甜的。

关于我

我懒、性子急、晚睡、爱为自己的过错找托词，各种毛病应有尽有。但是，这半个月来，我全身细胞来了次大更新，仿佛换了个人似的，连自己都不敢相信。

规律的饮食、作息时间，让自己真正做到了早睡早起；每天起床的叠"豆腐块"成了必修课，令自己必须认认真真才能叠出正正方方的"豆腐块"；洗澡、洗衣服也成了一项比赛，每个人都争着洗、抢着洗，仿佛要在有限的时间内做完全部的事情，迫使我提高了效率；站军姿要几十分钟纹丝不动，却慢慢磨平了我的性子；踢正步要铿锵有力，却使我敢抬头挺胸大步向前。我开始有规律地生活，我开始去认真对待每件事情，我在慢慢学会平静地对待人或事，我确切地感受到了改变，从头到脚，一个完全新的我。

关于教官

他严格而不失风趣，他较真而有时调皮，他爱唱歌和看武侠，他是八班的教官，他是我们"铁柱观"的掌门人，他会为一名同学犯错而大发雷霆，他会为教我们唱歌而事先抄好歌词，他会没脾气地一遍又一遍地教我们踢正步，他爱用激将法，他唱歌的模样像是个腼腆害羞的大男孩，他说"铁柱观"的含义是希望八班的每一个人都有钢铁般的意志力，能经千锤百炼，能经得起困难的考验。

我仍记得他每次在教大家唱歌时，总重复着说自己五音不全，然后很认真地一句歌词、一句曲调教我们，他完全没了平常的严肃，害羞了起来，却让我们看到了他的认真、他的柔情。他总是让我们以最高标准、最少次数来完成训练，然后让我们多休息；看军事电影时总带我们坐到前排，让我们能大饱眼福。他总是这样，对我们的好不溢于言表。

我们尊敬他，我也不会忘记，这座军训基地有那么一个人，教会我们像军人一样勇敢地活下去！

关于八班

我仍记得第一天大家集合的时候，教官说："我不管你们在学校是哪个专业、哪个班的，来到这里，你们就都是八班的！都是我的兵！"八班住在50人集体宿舍，在这略显拥挤的地方度过半个月，我们却没有一次争吵，反而总是充满欢声笑语，我们共进退、共承担。此外，我们有一个憨厚可爱的班长，我们都叫他"锅王"，因为每一次集体犯错时他总是第一个站出来承担责任，为我们背黑锅；他每天早上醒来总不忘提醒大家带军训心得，提醒小值日拿桶打扫卫生，他不像其他班的班长一样强势不可冒犯，他总是和大家融在一块，为我们班谋福利，为我们班带来笑声，感谢有你，感谢这半个月的陪伴。

我们是团结的化身。每一次踢正步排面不整齐，有个别同学慢半拍时，教官对我们更多的是提醒而不是责备，更多的是鼓励而不是嘲笑，虽然训练进度是全院最慢的，但是我知道，最厉害的都是压轴的！在最后几次的排演时，每一次开始前大家总是不断地提醒排面、摆臂、声音、脚步，为的都是在接下来的排演中踢出自己的真正水平。每一次整齐有力的脚步声都能让我热血澎湃，每一声震耳欲聋的口号都让我觉得振奋人心。

半个月的军旅生活结束了，但全新的生活才刚刚开始，我当无所畏惧，一往无前！

（指导老师/陈亚敏）

小军训，大启发

应用外语学院　刘志荣

　　钟声响起归家的信号，我们结束了长达十三天的军训生活！带着少许悲伤与不舍，我们离开了军训基地，不过我明白，这只是我们大学生活的一个起点。

　　在这十三天里，我们经历了很多第一次：第一次在军训基地生活十三天、第一次五六十人在同一个宿舍睡觉、第一次拿起真枪进行射击演练等。不过，在这次军训中，我更是学到了很多东西，认识了很多新朋友，这让我觉得这十三天非常有意义！在这之中，我最舍不得、最难忘的就是我们的陈教官。十三天来，他为了把我们这群"稀里哗啦"的男生变得团结，喊哑了嗓子，就是为了让我们不在结营那天丢我们学院的脸。真的非常感谢他！然而，结营的那天，直到我们离开基地大门，他都没有出现。或许他是真的有事情来不了，或许他不想面对这种悲伤的场面。不过我还是从心底祝福他，希望他前程似锦、身体健康！

　　自从我上学以来，就没有过军训十三天的经历，也从来没有这么想家。这里没有家里那么精致的饭菜，可我却每餐都吃得津津有味；这里没有家里那么令人舒适的床，可我却睡得如此香甜；这里没有父母的关心呵护，可我却生活得非常好。或许是军训使我长大了吧，军训过后我更向往的是自己独立，而不是那种衣来伸手、饭来张口的生活了。

　　除了训练外，学校还给我们安排了一些讲座，前后一共有四五场，最让我印象深刻的是深职院来的那位老师。她给我们讲述的故事让我明白了成功并非偶然，乔布斯的一波三折，是值得我们深思的。他的成就改变了整个世界，让世人都记住了他。我从中明白了面对事情不要太过死板，换一个角度或许就会变得海阔天空。

在结营前的那个晚上，总教官给我们开了一个很长的会，给我们讲了很多道理，其实这些道理我们都明白，可是却不能深刻理解。我是深圳本地人，从小就认为本地人哪怕不工作也饿不死，可是现在的我明白，仅靠着这些小钱，在以后的社会上混日子是不够的，我们需要活得有意义。教官说在深圳市能买得起一套房就算很有本事了。虽然我有自家的房子可以住，但是我希望自己不要因为有这样的条件，而忘记了自己应该去努力争取。经过那一晚总教官的教导，我坚定了自己心中的信念。我不求以后能够让父母住上豪宅，但至少有瓦遮顶；我不求以后能大富大贵，但至少能衣食无忧；我不求以后能让别人羡慕我的家人，但希望他们能身体健康、开心快乐。

军训一阵子，受益一辈子。这次军训不仅纠正了我不良的作息规律、生活习惯，还提高了我的思想认识。我不知道什么样的心得算是深刻，但这就是我这十三天的收获。有收获，就是好的，没有白费！

（指导老师/周　同）

军训如茶

计算机学院　罗海洁

"咱当兵的人，有啥不一样……"熟悉的旋律把我从睡梦中唤醒，告诉我军训生活新的一天又开始啦！时光飞逝，才发现这身戎装已经在我身上穿了快两个星期了。说真的，这次经历让我对军训的看法有所改变，觉得军训不单单是学生接受国防教育，还是一次引导你走向正确道路的洗礼。

军训就像一杯苦涩的茶，刚入口时只觉青涩味苦，可回味一下又甘甜清香。虽然我们每一天都在训练，可能会觉得累，但过后细细回想这一天，却觉得很充实，也领悟到不少做人的道理。苦尽甘来，最后留在嘴里的只有阵阵甘香，记在心里的是满满的幸福与感恩。

军训这杯茶，我品出了责任心。我们来这里的训练很大部分是为分列式做准备的，所以成功完成分列式，正是穿军服的我们需要履行的职责，每个人都要对自己负责，做好你应该做的事情，对自己负责才能对他人负责。这样你将来才不会因为做错事情或丢失自己最珍贵的东西而后悔一辈子。

军训这杯茶，我品出了莫自私。军队是很重视团结的，唯我独尊只会被认为是自私、不团结而对你有所疏远。学会考虑他人的感受，不再以自我为中心，活在自己的世界里。就像军训时我们走正步和走齐步，每一列的人抬脚的高度和宽度都要做到一致，队伍看起来才会整齐有序。你一个人脚抬得再高也没用，在队伍里只会显得鹤立鸡群而格格不入。不懂得把别人放在心里的人，你就算再怎么努力都不会成功。

军训这杯茶，我品出了集体荣誉感。一个班就是一个集体，组成这个集体的每个个体都应有集体荣誉感。每一个训练都要用心和尽力去做好，不要怀着"反正有那么多人在做，我一个人不做也不会被发现"的偷懒心理，更何况有这种想法的人往往最后做得不好或被发现并得到教训。既然这样，我们为何不一开始就好好努力，为集体荣誉增添一道靓丽的风景线呢？我相信集体荣誉感会成为集体发展的活力源泉。

"宝剑锋从磨砺出，梅花香自苦寒来"，人总要苦一阵子，但不会苦一辈子。学习分列式的过程并不是那么容易，可是只要你学会它，之后的日子便会轻松度过。军训如茶，苦尽甘来。

（指导老师／黄柱刚）

苦、累，并快乐着

计算机学院　周宜艇

　　11月的深圳，虽然已是立冬时节，但太阳还是不愿意舍弃它的热情。30℃的高温，这绝对可以称得上是一个炎热的季节，而就在这个季节里，我们将进行为期半个月的军训，这也是我人生中唯一一次军训，在出发前的一天，我期待着……

　　出发这一天是星期天，早晨的温度虽然没有30℃，但还是让人觉得格外闷热。我所乘坐的39号车，或许是已经习惯了这种集体生活，又或许是对即将到来的军训生活感到迷茫与不安，大家都沉默着，车上出奇地安静。接近中午时分，大巴到达了军训基地。一下车，我就被那严格的纪律以及近乎神速的集合速度惊呆了。提着行李一直小跑得气喘吁吁的我们见到了我们教官——何教官。一个个子不高但身材结实的成年男子，他最独特的标志就是他那双小眼睛了。就是他，在接下来半个月里，陪我们度过了这段难忘的旅程，教会了我们一些军训技能和人生道理。

苦！军训中的各种考验

　　午饭过后，我们回到50人大宿舍去休息，说实话，我从来没有住过超过4人的房间，更别说50人了。由于天气炎热，大家身上都臭烘烘的，这就是第一道考验了：你不得不在一个住着50人的房间里休息，还要忍受一些人身上的气味。我有些无助地看着四周，却不得不接受这个事实。但这并不能打败我，我要坚强地度过这十三天。

　　接下来就是第二道考验了：洗澡！说是洗澡，其实更确切地说应该是"冲凉"，只有5分钟。你既要冲好澡，还要洗好衣服，一切要快速而又干净。而且由于排队使用热水的人太多，很多时候不得不去冲冷水。还好我一直锻炼身体，这个难不倒我，就这样，我冲了十三天的冷水澡。

第三道考验应该算是吃饭。你也许想说吃饭没什么可考验的吧！但是你错了，你要接受近 50 餐饭吃同一种菜式而且要严格遵守饭堂纪律，不能说话，不能在开饭前去洗手，稍有错误，就是 50 个深蹲。这一切教会了我们要严格遵守纪律。

第四道考验自然是训练了，前几天还可以，就是一些简单的立正、跨立、坐下、走齐步、体间转法等训练，稍微有些许难度的就是蹲下以及站军姿而已。但是后面几天就变得悲惨了，踢正步——整个军训中最难的一个部分，当你开始练一步两动时，你会定不住你的脚，或是因为你没有平衡感，或者你踢上去的脚实在太痛了，而你受不了这种痛。一天下来你会感到身心疲惫，肌肉酸痛。但这却充分磨砺了我们的意志，只有你忍受下这一天的痛，你在第二天才会继续坚持去踢正步。

最后的考验就是各项体能训练了。在部队，在未来，我们都要做到绝对服从，所以当我们犯了错，自然就要受到处罚。而军训的惩罚就是体能训练，诸如"接地气""万马奔腾"等。

这些考验虽然让我在这十三天里吃了不少苦，但正如《孟子》中所说："天将降大任于斯人也，必先苦其心志，劳其筋骨，饿其体肤，空乏其身，行拂乱其所为，所以动心忍性，增益其所不能。"所以，这一切不能打败我，反而使我更强大。只有坚持下来才能成功。

乐！军训中的各项趣味

军训也不是只有苦与考验，其中的乐趣亦让人回味无穷。

第一乐，交友之乐。我们计算机 8 班是我们计应 1 班的全部男生以及 3 班的 10 名男生共同组成的，大家都来自同一个专业，在训练之余，我们也经常席地而坐，畅聊人生。这也让我们的友谊有了质的发展。同时，我们也和教官建立起一种不是兄弟却胜似兄弟的感情。这就是第一乐了。

第二乐，唱歌之乐。在休息时，我们教官也会教我们唱一些红色歌曲，如《当那一天来临》《送你一枚小弹壳》《黄种人》等。军训最后那几天的一个晚上，我们学院组织了一场歌唱比赛。我们唱的《黄种人》受到了院领导的表扬。我很开心，也很自豪能以 8 班的一员受到表扬。这就是第二乐。

第三乐，休息之乐。由于训练的强度大，我们基本上晚上一粘到宿舍的

床就躺下，过一会儿就睡着，一觉能睡到大天亮。对于我这种夜猫子来说，这简直是天大的幸福，终于有了规律的作息。这就是第三乐。

品军训，得真理

这次军训让我悟到了很多人生道理。在军训中，我懂得的最重要的一个道理就是坚持。记得在我们在进行体能训练以及踢正步时，教官一直对我们说："坚持住，现在坚持住，以后就爽了。"的确，如果现在坚持不住，又这么会有以后的"爽"呢？现在不坚持，又怎么会有未来呢？又怎么可能实现中国梦？

同时，军训也让我们有了团队意识。总教官经常和我们这样说："你知道外国人怎么说中国人吗？他们说中国人一个人是一条龙，一群人是一群虫。因为中国人没有团队意识。"然而部队锻炼了我们这种团队意识，当你犯错时，教官会惩罚我们一个班的人，而不是一个人。所以你做什么事都会以集体为重。只有团队合作了，我们的中国梦才会实现得更快、更好。

与此同时，我也学会了服从上级的安排，在这半个月中，我要做的就是绝对服从教官的安排。当你学会服从时，你才不会有逆反心理，你才能把任务做好，才能更好地实现中国梦。

我的梦想，是成为一个有一定能力的商人。在这半个月里我学到的团结合作、自信自强、坚持不懈、热爱祖国的军训精神将永远支撑我实现自己的梦想。同时，我也永远不会忘记这十三天的军训生活，苦、累，并快乐着，学习着！

（指导老师/高　瑾）

国之栋梁，兴国之魂

计算机学院　高晓琳

我们是六月的花朵，迎着骄阳的炙烤，盼来了生命的怒放；我们是初升的太阳，迎着黑夜的笼罩，盼来了黎明的曙光；我们是荒地的小草，迎着贫瘠的土壤，盼来了无边的绿意。清晨，我们踏着朝阳，在军营里放声歌唱；傍晚，我们踩着落日，在军营里艰苦训练。十三天以来，我们始终坚持日出而作，日落而息，军营里的滴滴汗水都倒映着我们美丽的青春。

近半个月的军训生活，不仅锻炼了我铁一般的身躯，也赋予了我钢一般的心智。我深深地意识到了军人应背负的责任，那就是坚守岗位，保家卫国。同时，我也暗自庆幸自己生活在这个和平、自由、民主的时代，也深感这和平生活的来之不易。回眸历史，泱泱中华，五千多年的兴衰荣辱，历历在目，从鸦片战争到新中国成立并与多国建交，中国经历了一个何等艰辛的过程！一个"和平"的中国梦，付出了多少先驱的鲜血！军训，使我深深地领会到了军人的力量、团队的力量，它强化了我的民族荣誉感，使我在感叹祖国不幸过往的同时，也更加珍惜现在和谐幸福的生活。

紧跟着毛主席"和平梦"与"外交梦"的步伐，我们伟大的"总设计师"邓小平爷爷，用他独有的智慧与精准的眼光，圆了我们一个"改革梦"。改革开放，使我们国家步入了一个新时代。无论是在经济、政治还是文化方面，中国都经历了翻天覆地的变化。放眼"和平梦""外交梦"乃至"改革梦"，都是国家领袖用自己的智慧带领人民所实现的一个个瑰丽的梦想。军训教会了我要勇于担当，更要热爱祖国。它激发了我内心强烈的爱国情怀，使我更加坚定要实现国家"富国梦"与"强国梦"的信念。

现今，虽说国家安康，民心安定，中国正一步步走向繁荣与富强。但是强国与富国之梦仍是每一个中国人内心深处的愿望。军训让我领悟到了国家

的精魂所在——少年。正值青春年华的我们，是祖国的希望，是祖国的未来。不久的将来，我们将用自己稚嫩的双肩扛起祖国的明天，用柔弱的双手托起希望的摇篮。

阳光下，一身绿军装的我们，身姿笔挺，双目如炬，精神抖擞，尽显青春活力。既然我们生活在同一片蓝天之下，又怎能不用梦想与坚持，去实现民族复兴、祖国富强的宏伟蓝图呢？如今，国家走在强国之路上，我们是国家的脊梁，是兴国之魂，更应该努力学习科学文化知识，提高思想道德修养，争做四有公民。"天下兴亡，匹夫有责"，我怀揣着"先天下之忧而忧，后天下之乐而乐"的爱国情怀，呼吁每一位爱国学子，从小事做起，从自我做起，为实现强国之梦贡献自己的力量。

（指导老师/吴迪臻）

梦中梦

商务管理学院　梁家祥

　　记得那天穿上一身迷彩军装，扎好皮带、腰带，最后戴上一顶军帽，样子意气风发，仿佛集天地正气于一身。走进基地，我们在主席台前唱响了一曲《团结就是力量》，十三天的军训生活就此拉开了序幕！

　　军营是一个神圣的地方，是军人的家。在那里我度过了难忘的十三天，在军营我不仅学到了军事技能，更锤炼了我的意志！每天起早摸黑，顶着猛烈的太阳，从"稍息，立正"到"向左转，向右转"，到让人晒得更均匀的人性化训练，再到体现军容的齐步正步，枯燥无味的锻炼让我从一个娇生惯养的男孩成长为一个吃苦耐劳的男人。"手贴紧，抬头挺胸收腹，身体往前倾，重心在前脚掌"，站军姿的动作要领我至今仍然记得；在每一次汗流浃背、湿透衣衫的时候，每一次肌肉酸痛、腿脚发麻的时候，"坚持就是胜利"这六个字不断地在我脑海浮现，怎么也不能抹去，只因我已是一名军人！

　　优秀的军人，是保家卫国的勇士，更是品质高尚的斗士，古有汉朝名将霍去病呐喊"匈奴未灭，何以家为"，今有晚清将领邓世昌高呼"我立志杀敌报国，今死于海，义也，何求生为"。他们无论对待生活、对待人生、对待祖国和人民都具有高度的责任感，毫不利己，毫无私心，这也是我们这个时代所崇尚的精神。如今我们"90后"一辈，很少吃苦，从小就享受着改革开放吹来的东风，在家里享受着无忧无虑的日子，渐渐变得自满自足、不思进取、意志消沉。但在军营，没有反抗，只能服从命令，我们在这种环境中。磨炼着铁一般的意志，积累着宝贵的经验，不断地打磨着我们的棱角，蜕变出我们不一样的人生。

　　近代中华民族的屈辱史是一面很好的镜子，从古代领先世界的光辉，到列强掀起瓜分中国的狂潮，深深刺痛了多少代国人的心。但先烈们艰苦卓绝

的奋斗，又让中国重新站了起来，解放军不再是"小米加步枪"的"土包子"，"东风"系列核武器正捍卫着这颗蓝色星球的和平！到了现在，有些年轻人认为艰苦奋斗是老一辈的事，置身事外，毫不作为。其实不然，空谈误国，实干兴邦，艰苦奋斗是我们中华民族薪火相传的瑰宝，是实现中国梦的强大精神动力，年轻人应该勇于担当，站出来引领时代的潮流！

在结营前一天，我做了一个很奇怪的梦，是一个"梦中梦"，梦里面的我是一名军人，参加着抗日战争，那天晚上我打完鬼子，在防空洞里睡着了，我又做了一个梦，我来到了咱们的火箭部队，计算着导弹打击目标的距离，程序操作得精确无比。一觉醒来，我的天！太难以置信了，心情久久不能平静，原来我的潜意识中还有一个军人梦，这样一个伟大的梦。

虽然今天我从军营走了出来，但在里面学到的每一件东西我都会铭记于心，作为我人生一笔重要的财富。继续前行吧，去实现我们的中国梦！

（指导老师/曹小燕）

未来的梦我们一起实现

财经学院　高晓琪

从古至今，军队与一个国家的强大息息相关，而中国梦与我们国家的富强息息相关。大学生活开始的军训既锻炼着我们的身体素质，也锻炼着我们的心理素质。

军训意味着我们要有坚强的意志面对一切艰苦的训练。还未踏入军训基地时，我对未来的军训生活有一丝期待，也有些紧张，真正到了训练场时心里却也无暇顾及紧张了。军训教育基地一派严谨，我心中只留下深深的敬畏，也突然有些明白为何大学生要参加军训。

军训第一节课学的是站军姿，站军姿需要身体的每个部位协调兼顾，手脚的每个动作细节都必须精确到位，做到"暮色苍茫看劲松，乱云飞渡仍从容"。军姿能磨炼我们意志，即便烈日当头我们依然不能动摇。实现中国梦需要这种坚定不移的决心，中华民族的伟大复兴需要我们发自内心去追求和付出。中国梦是由我们每个人的小小梦想汇集而成的，为实现中国的富强，我们每个人都应该付出自己的一分力量。站军姿看似简单却不简单，梦想看似平凡却不平凡。站军姿应站出军人的本色和赤胆忠诚。

入伍三天是老兵。身为一名士兵，应当抛弃一切不良习惯，在军训中只有绝对服从，纪律严明。军训使我们明白了纪律与服从的重要性，使我们变得坚强，使我们更加堂堂正正。军训教会我们要像梅花一般不屈不挠，要有严冬斗雪开的坚韧。

军训不仅仅是对我们行为习惯的操练，更是对我们精神和思想的升华。一场升华我们精神的中国梦演讲比赛在军训中展开。财经学院每个军训班都派出优秀的学生代表参加比赛，围绕着中国梦，学子们纷纷发表了独到的见解。同学们的口才非常好，演讲更是富有感染力，带着真切的情感，包含了

对社会的责任感，这一切引起了在场所有人的共鸣，使我们更加深刻地了解了中国梦，也警醒我们为了中华民族的伟大复兴要更加努力学习。

军训的日子虽然辛苦却让我们学会了珍惜，你会发现从前你所抱怨的一切是那么美好，而我们要做的就是珍惜这一切。人生要经过苦难才懂得现在的一切是多么来之不易。

军训基地严格的纪律性，使我们从得过且过中觉醒，胜利属于有坚定信念的人。浑浑噩噩不应是当代大学生的精神状态，我们要昂首挺胸，奋勇前进。军训中各种专题讲座也使我们的知识库得以更新，受益良多。

我们以饱满的热情投入军训之中，努力学习和掌握基本的军事知识和技能，增强国防意识，提高适应能力，为实现中国梦打下了坚实的基础。我们会把从军训中学习到的精神带到今后的学习和生活去，做到"军训一时，受益一生"。曾经的艰苦我们留在心中，未来的梦我们一起实现！

（指导老师/景创杰）

军旅征程

计算机学院　陈明辉

人生中的第四次军训，没有紧张，没有抱怨，更没有恐惧。

也许是因为这次军训是学生生涯中的最后一次，我不想让自己留有遗憾。假期有许多军旅题材的电视剧和综艺节目，观看后让我对军人充满了敬佩，再加上抗战胜利70周年的阅兵仪式，更是让我热血沸腾、兴奋不已。作为当代大学生，就应该怀揣着满腔热血，奋力拼搏，建设祖国。如今轮到自己去军训，从穿上军服的那一刻起，我就想以军人的标准要求自己，学习他们的优良作风。

都说军营是一个让人叫苦连天的牢笼，你会对它有所抵触。可我想说我爱上了军营，爱上那里的骄阳蓝天，爱上那里的满星夜空，爱上那里的草木寸地，爱上那里的蚂蚁、石粒。这些营外都有，可是军营里的一切就是这么与众不同。只有经历过，才懂得事物存在的美好。

难以言喻这十三天的精彩与收获。

一群陌生的伙伴拼凑成了一个班，为着同一个目标去努力奋斗。相知相遇是一种缘分，从一盘散沙到一座堡垒，我们只用了短短十三天的时间。在这里，一个人犯错，整个班受罚，一个班犯错，整个学院受罚。没错，是会觉得委屈，可更重要的是它教会了我们什么是集体。渐渐地，委屈变成了督促自己和督促别人的动力。我的教官，认真负责地教导我们，至今还是忘不了他孩子气与焦急并存的面容。计算机六班，让人印象深刻，常受批评又常得表扬。记得班会总结，大家都十分深沉，抛下了平日里嘻哈的嘴脸，在班长的带领下深刻总结存在的问题。从那以后我才知道，大家都热切地努力着，想要执行好军训中的任务。眼泪顿时充盈眼角，即将溢出。

五十人间的大通铺、硬床板、大澡堂，睡前的歌曲与哨声，开饭前的

《团结就是力量》以及饭菜，太阳底下的军姿一二三，俯卧撑预备时的手掌疼痛感，分列式的不断练习……我可以大声呐喊：这些都不足以打垮我。如《孟子》一书中所言："天将降大任于斯人也，必先苦其心志，劳其筋骨，饿其体肤，空乏其身，行拂乱其所为。"青春的坎坷，人生的道路，成长的苦痛往往能换得来之不易的收获，它定是甜的、巨大的。

半个多月前，遇到了一位教官——姓张，他和蔼、负责；半个多月前，遇到了一个集体——计算机六班，它热血、团结。我爱他们并感谢他们与我并肩书写军训岁月的篇章。

我想，再让我选择一次，我仍会毫不犹豫。

（指导老师/张 翔）

军训让我明白了中国梦

应用外语学院　廖佳琪

　　轻轻地，我们拉开了大学生活的序幕，开始了一段不寻常的新旅程。刚步入大一，我们便迎来了如火如荼的军训，我要感谢这次军训，因为它让我们更加明白：我们都有一个家，名字叫中国；我们都有一个梦，名字叫中国梦。

　　都说军训生活是艰苦且枯燥的，但我想说，军训生活是累并快乐的，军训生活可以说是我人生中最精彩的篇章。在短暂的十三天的军训生活里，年少的我们告别了安逸自在的摇篮。每一天，我们闻鸡起舞，与太阳较量着速度与激情。在暴晒的阳光下闪耀着一行行、一排排"迷彩绿"，代表着祖国未来的希望。整齐的步伐、强有力的踏步以及嘹亮的呐喊声，让我们感受到一个真正的军人的付出以及为国争光、保家卫国的重要性。

　　是军训，让我们拥有了不畏艰难的勇气；是军训，让我们懂得了团结友爱的重要性；是军训，让我们养成了吃苦耐劳的心性。因为军训，中国梦在我们脑海里根深蒂固，并且为之奋斗，以让中国早日实现民族的伟大复兴。

　　中国梦，是中国共产党第十八次全国代表大会召开以来，习近平总书记所提出的指导思想和执政理念。为了国家富强、民族振兴、人民幸福，我们每一个人都应该出一份力，让"中国梦"的核心目标（实现中华民族的伟大复兴）在中华人民共和国成立 100 周年时顺利实现。

　　梦想是石，擦出星星之火；梦想是火，点燃熄灭的灯；梦想是灯，照亮漆黑的路。中国梦，一个勇敢的梦。在军训的第四个夜晚，教官带领我们观看电影《血色挂云山》，让我们重温了抗日战争时期的革命先烈们为了新中国和我们现在的幸福生活而呕心沥血、鞠躬尽瘁、死而后已。身为祖国未来的接班人，我们更应该用饱满的热情全身心地为祖国添砖加瓦。中国梦，一个

伟大却实在的梦，在军训的第七天的下午，我们上了一堂国防教育课，明白了如今的中国虽说强大，但仍然危机四伏……这堂国防教育课让我们更加严格要求自己、严格训练自己，提高警惕，保卫祖国。

"路漫漫其修远兮。"在实现中国梦的这条长路上，我们每个人都应该脚踏实地去做好每一件利国利民的事。因此，我感谢军训让我明白中国梦的深层含义，并让我因为有这样的梦而浑身充满正能量。

（指导老师/蒋　波）

我的中国梦

应用外语学院　蔡淯钿

每个人都有梦想。但所有炎黄子孙都有一个梦，叫中国梦。梦想是成功的起点，因为梦想，我们更加激情飞扬，因为梦想，我们拥有前进的的方向和动力。

梦想是理想的翅膀，拥有梦想，才拥有未来。以前我认为梦想只是一种虚无缥缈、天马行空的东西，后来我渐渐明白，没有梦想，人生是空洞的；没有梦想，人就犹如行尸走肉。曾许多人问过我有何梦想，然而每次我都只是一笑而过，顺便打个马虎眼就跳过话题。说心里话，那时的我也不知道自己有什么梦想。

军训，是人生难得的考验和磨砺，它不但培养了我吃苦的精神，磨砺了我的意志，更重要的是，它让我有机会沉淀自己，有机会倾听自己内心深处的声音，寻求自己的梦想。在这次军训期间，记得有一次全班罚站军姿，我们的手紧贴裤线，抬头挺胸，一动不动地注视着前方。忽然一个声音打破了宁静，那是教官的声音。他语重深长地说着他在部队的一些艰辛经历，但却说他很开心他是一个军人。然而，我在无意间发现了他眼角和额头上两道淡淡的疤痕，这不由得引起了我的好奇心。这是教官之前在部队留下的么？军人是不是都有那么一两道疤？他们为什么能在那么艰苦的环境下坚持着？我百思不得其解，后来，我得出一个结论，或许是因为他们都有自己的梦想吧，所以他们愿意为梦想付出，为梦想持之以恒；或许正因为他们有当军人的梦想，有保家卫国的梦想，所以就算在追求梦想的过程中是艰辛的，也不放弃。这不由令我陷入深思，那我的梦想呢？我要如何去实现它呢？最后，想了很久，我发现其实自己也有梦想，只是我一直把它埋藏，而现在，我要做的是要为它浇水，让它破土而出并茁壮成长。

　　中国将梦寄托在新一代的青年身上,包含了许多期待与展望。可是生活在和平年代的我们,是已经走在实现梦想的道路上,不断创新与发展呢?还是依旧养尊处优,习惯接受一切,碌碌无为呢?少年强则国强,当代青年尤其是身为大学生的我们,必须有自己的梦想,拥有独立思考的能力,培养新思维,才能实现个人的全面发展,实现个人的梦想。

　　实现中华民族的伟大复兴,是中华民族近代以来最伟大的梦想,它承载了亿万中华儿女的共同期盼和追求。说到底,中国梦,是我们每一个中华儿女的梦,它与个人的梦是相互依赖、相互影响、不可分离的,它激发了许多中华儿女努力创新、创业、创未来,在实现自身价值的同时,更实现中国梦!

(指导老师/宫婉怡)

在军训中感悟中国梦

应用外语学院　许国东

中国梦是中华民族的梦，是每个中国人的梦。而作为华夏文明继承者的我们，更应该为实现中华民族伟大复兴的强国梦而努力奋斗！

宋代哲学家张载的"为天地立心，为生民立命，为往圣继绝学，为万世开太平"，不仅是源远流长的中国梦的一抹基色，更是习近平总书记所指出的"实现中华民族伟大复兴的中国梦"的最好诠释。

带着懵懂踏入军训营的我们，刚开始或许还不理解大学军训生活对于强国梦的意义，但军营里的点点滴滴却无声无息地让我们懂得了祖国的强大需要我们的努力，更需要我们的每一份付出。正如彭德怀元帅所说："西方殖民主义者在东方海岸架起几门火炮就可以奴役一个国家的时代已经过去。"中国在日益强盛的同时，世界上各种社会形势也在日益动荡，和平的海面之下其实种种暗流争相涌动。因此，祖国需要高素质的国防后备力量来坚实自身发展的基础，而作为大学生的我们正是这股国防后备力量的中流砥柱。

军营里的清晨，我们拖着疲惫不堪的身体起床进行往常的艰苦训练。虽然总喜欢赖床的我们有很多不情愿，但我们不想拖累集体，不想辜负教官和老师们的苦心。于是，我们一点一点地克服了懒散，习惯了吃苦，更学会了为集体而努力做得更好。渐渐地，我们有了一份小小的集体荣誉感，更重要的是有了对集体负责的责任感。

正午时刻，我们站在水泥地面上被炽热的骄阳毫不留情地暴晒着，汗水浸透了迷彩军服，肌肉更是酸痛难耐，我们却依然咬牙坚持，因为我们没有任何理由选择放弃。也正是因为这份坚持，锻造了我们坚强的毅力和不屈的精神。毕竟，我们承载着祖国的未来与希望，祖国的繁荣富强需要我们一点一滴地纠正自己的胆怯与自私，变得更加坚强和无畏。

军营里的夜空出奇地深邃。我们有时会在休息的时候呆呆地望着夜空陷入沉思，思考着自己的中国梦。中国梦犹如月亮的光辉，而每个炎黄子孙的梦则如星光点点。中国梦的实现过程也就是每个朴实人民平凡梦想的实现过程。

原来，"梦之大"皆为"小之聚"。中华强国梦一直都在延续和继承，一直都在汇聚和发展。如果说社会和学校一直都在培养接力的下一代就是强国，那么平凡职工对于平凡岗位的坚守也是强国，我们尽责尽力地做好每一件小事也是强国。军训塑造着我们的坚毅品格，让我们拥有强健的体魄和基本的国防意识不也是强国之路的一小步吗？仰望星空与脚踏实地需结合在一起，强国梦宏伟愿景的实现需要"不可为而为之"的逐梦精神，更需要如军训生涯中每个学子脚下那坚实可靠的每一小步。只有这样，强国梦才会离我们越来越近。

（指导老师/吴金蕊）

感谢军训，为国努力

机电工程学院　林圳惠

军训生活已悄然落幕，虽然心中有很多不舍，但我们依然得坦然面对。军训给我们的回忆和影响是我们最宝贵的收获，也是人生中一笔重要的财富。

军训，让我们学会坚强，学会勇敢，学会自立！虽然只有短短的十三天，但这十三天我们过得非常充实，每一天都给我们留下了非常重要的影响和回忆。在这十三天里，尽管我们会感到苦，但我们不会后悔；尽管我们会想家，但我们坚持下来了；尽管我们会觉得累，但我们没有放弃。在这个重新组合起来的班级里，我们认识了许多新的朋友。在训练过程中大家会互相鼓励，互相支持，遇到困难时大家一起商量，一起解决，十三天的团体生活，不仅让我们越来越默契，也让我们懂得了团队的重要性，在训练中收获到不少快乐！每天的体能训练也让我们强健了体魄，磨炼了意志，加强了组织纪律性，培养了吃苦耐劳的精神。

军训期间，同学们在教官的指导中从编队、着装开始，一步步地掌握了在队列中站军姿、立正稍息、四面转体、踢正步等动作的要领。虽然军训过程比较辛苦，但同学们并没有轻易放弃！他们放弃了平日的懒惰，坚持每天出操。从刚开始的一点都不情愿被太阳晒到渐渐适应，到后来已经习以为常，思想上有了很大的进步，对军训也不再有抵触，反而更有激情，更有斗志要去挑战，去完成。最让我感动的是，当听到别人批评我们班，说我们班做得不好时，大家都像打了鸡血一样，斗志昂扬要把它练好，把烈日暴晒的烦恼抛到了脑后，完全做到了忘我。大家彼此之间互相激励，互相提醒，因为我们是一个整体，每一个人都要为集体争光！我们眼里看到的不再是自己，而是团体！

我感谢这次训练，它让我领悟到团队的力量是无穷的，团队是具有很大

的感染力和让你有努力的动力的。就像在我们那个团体里面，大家的精神感染了我，让我有了再苦、再累也要坚持下去的决心。我也明白了要收获是要付出好多汗水和努力的，就像在训练期间我们为了把训练完成好，坦然面对太阳的暴晒，也流下好多汗水，但正因为如此我们最终也收获了欢乐和奖励！我也渐渐把训练时那句"严格训练，严格要求，提高警惕，保卫祖国"牢牢地记于心中，也渐渐加深了对它的理解，渐渐明白我们要有保卫祖国的责任心，要为祖国做努力！

在这十三天里，我体验到了军人的生活，也打心底里佩服他们，因为军人的生活很辛苦，他们得接受严格的训练和军纪。中途他们或许想过放弃，但他们最终坚持下来了，为了保卫祖国，为了给祖国作贡献，他们不怕吃苦，不怕累，勇敢坚强地迈上了军人的旅途。军人是我们学习的榜样，他们有顽强的毅力和不怕苦的精神，是我们在建设更美好的祖国时所必须具备的。我们必须努力去克服生活上的困难，做到不怕苦、不怕累，有强烈的爱国主义精神，像军人般爱国，像他们一样努力为建设祖国作贡献。

让我们多关心国家的事，为祖国更美好的明天奋斗吧！

（指导老师/郭凯迪）

军训感悟

软件学院　张国锋

时光飞逝，转眼间为期近半月的军训就过去了，在这短短十三天的军训里，同学们以饱满的热情投入军训中，努力学习和掌握基本军事知识和技能，增强了国防意识和集体观念，磨炼了意志品格，提高了适应能力。对此，我有许多的感悟。

军训近半月，我最先感受到的是当兵真的不容易。为何这么说呢？因为比真正的军人轻松一百倍的学生军训都让我们觉得是煎熬；做二三十个俯卧撑就让人顶不住了，而且学生们做的俯卧撑都是不标准的。而当兵的训练强度是学生军训无法比拟的。惩罚只有 20 个俯卧撑那么少？不标准能让你过？当兵实在不易，我为守护国家的战士们"点赞"！

军训近半月，我觉得我们在生活中应该像军训时那样严格要求自己，不能对自己太宽松。如果现在的年轻人都做到像军训时那样要求自己的话，那么我们这一代的人将会不同一般。还有就是我们学生要经常锻炼，让自己拥有强健的体魄去面对生活中各种巨石般的挑战。军训期间适当的训练使得同学们比以往好看多了，看起来精神多了，不再看上去病怏怏的了。年轻人就该多运动，而不是整天坐在电脑面前打游戏直至半夜甚至通宵，使人看起来无精打采。生命在于运动，运动才是逆生长的秘籍。

军训让我明白一个集体的优秀不能仅靠个人的力量，而应靠集体中每一份子的力量，就好比走齐步、踢正步，一两个人走好、踢好是没用的，整体好才能走出齐步的气势、踢出正步的威武。

"团结就是力量，团结就是力量，这力量是铁，这力量是钢，比铁还硬、比钢还强，向着法西斯蒂开火，让一切不民主的制度死亡，向着太阳、向着自由、向着新中国，发出万丈光芒。"这首歌贯穿了整个军训。没错，就是团

结，我在军训时发现团结真的很重要。军训时班级走齐步、踢正步、唱歌无一不需要团结。不团结齐步就走不齐、正步就踢不好、唱歌就唱不响，气势也就消失了。生活中也是一样，团结亦是非常重要，一个宿舍的人要团结友爱，一个班级要团结友爱，一个学院要团结友爱，一个学校要团结友爱。

军训是一种考验、磨炼、使人成熟的活动。没有军训的大学生活，是不完整的大学生活。军训很美好，军训一阵子，受益一辈子。

通过这十三天的军训训练，我清楚地知道了身为一个公民的责任和义务。我定会把自己在军训里学习到的知识记在心里并学以致用，在今后的生活中继续学习军人的优良作风和顽强拼搏的精神。

（指导老师/任亚洲）

燃情岁月，铭刻于心

软件学院　梁馨予

　　告别了让人怀念的高中生活，进入了梦寐以求的大学校园，我们终于正式成了一名大学生。很多东西都发生了变化，住宿环境、上课时间、上课方式……然而，有一件事情它依旧存在，那就是——军训。对此，我既心怀期待又心存害怕，期待它当中的乐趣，害怕它带来的种种困难。

　　军训使我们得到改变。安逸的生活让我们忘记了如何去面对困难，正如欧阳修所言："忧劳可以兴国，逸豫可以亡身。"新时代的我们，在父母的保护下、老师的呵护下，羽翼日渐丰满。然而，作为祖国花朵的我们虽然都好好地长大了，却因为安逸的生活而缺少了一种意志，缺少了一种毅力。不经历风雨，何以见彩虹；没有那一份寒风彻骨，哪来的梅花扑鼻香。而军训正好可以让我们得到锻炼，让我们学会如何面对困难，学会坚强，懂得纪律。

　　军训是一件非常奇妙的趣事。如果人生是一本书，那么军训会是里面最精彩的一个篇章；如果人生是一出戏，那么军训肯定会是里面最惹人注目的一幕；如果人生是那漆黑的无边夜空，那么军训肯定是照亮那夜空中的那颗最耀眼的明星。

　　军训来也匆匆，去也匆匆，却是最让人难以忘怀的美好回忆。军训生活在不知不觉中来到了我的身边，但又无声无息地从我身边离开。仿佛一场美梦，一觉醒来时，留下的仅仅只有那美好的回忆。光阴似箭，岁月如梭，军训生活犹如手中那流动的细沙，只能轻轻地感受它的存在，却无法留下它那美好的身影。

　　军训的记忆纷纷涌现。还记得第一天早上在学校提着行李的自己依依不舍地离开宿舍，那时，心里一直默念的就只有"军训很快就可以结束了"。然而，当军训真的快要结束的时候，心里想到的却是"时间可以过得再稍微慢

一点吗"？内心的纠结是言语无法真实表达的。想离开却又依恋着，但是有一点是可以肯定的，那就是对于这次军训，我是付出了真心来对待的。

这次军训，我们有一个"善变"的教官，时而跟我们开玩笑，时而又严肃无比，让人难以捉摸。休息时的他不仅仅是我们的教官，更多的像是我们的朋友，与我们一起嬉戏打闹。但训练时的他就是一名教官，一名会严格要求我们的教官——要求我们高标准、高质量地完成所要训练的项目。他不仅仅会教给我们训练的东西，还会教给我们一些为人处世的道理。在别的班级同学的眼中，我们的教官是一位非常严格的教官，但是也有很多特别之处，以至于到后来有很多同学都爱模仿他的语言、动作。现在脑海中也时常浮现出他的一些话语，"头要正，颈要直，两肩向后张，腰要直，两脚跟并拢，两脚尖分开六十度，双手自然下垂紧贴裤缝线，要求做到前不漏缝后不漏缝""要站直才会有力踏出下一步""面子不是靠别人给的，是靠自己争取的"……我们这一批学生是教官退伍前教的最后一批学生，谢谢这个"善变"的教官。

军训是一件奇妙的事情。曾经素不相识的一班人，从杂乱无章到整齐响亮的踏步声，由不相识到相互打闹的欢声笑语，尽管相处的时间很短暂，但也在一起经历了很多。很高兴在我的人生中认识了你们，时间会继续流逝，但友谊长存。

军训，是人生中一段美妙的经历。酸甜苦辣，只有亲身经历过才能找到那属于自己的味道。

（指导老师/李 勇）

梦想，因你而在

交通与环境学院　许容平

金秋九月，我迈着激动和喜悦的步伐，走进内心向往已久的大学。作为大一新生，紧接着便进行了为期两周的军训。军训，这是一个让人欢喜让人忧的字眼。欢喜的是我能在这其中学到更多的东西，忧的是军训过程中的训练强度。为期两周的军训说长也不长，说短也不短，但这是我大学生活中的重要一课，更是人生中的重要一课。

当我带着激动和忐忑的心情进入国防军事教育基地时，我的内心是自豪的，因为我们心中都有一个中国梦，都有我们自己的梦想。"军营半月，受益终生"这八个字深深地印在我的脑海里。基地中有各种标语，但这八个字让我印象最深刻。我要感谢学校的栽培和付出，正因为有学校的付出和安排，让我再次有机会进行军训，有机会感受一个兵的感觉。在这短暂的过程中，我学会了什么是团结，什么是纪律，什么是团队精神。短暂的十几天里，我们不再是个体，而是一个团队。一人犯错，集体受罚。是的，这是为了训练我们的集体荣誉感。我们能在国防教育基地坚持半个月，是因为我们心中都有一个梦，那就是中国梦，我的梦。更多的是我们都有一个目标。

每天都能看到基地中的标语：中国人民都有接受国防教育的权利和义务。是的，我们国家虽然没有像其他国家或地区一样，要求公民必须得服兵役，但是教育的发展，让我们基本上都接触到了军旅生活，体验到了一个兵的感觉。尽管只有短短的十几天，尽管我们都只是学员，还无法拥有作为一个兵的资格。但是教官依旧拿出最真诚的态度、最严格的要求、最严谨的作风，细心地教导我们。只为了让我们在结营那天交上一份满意的答卷。军训虽苦亦甜，虽苦亦美。身着绿色军装的我们在训练场上形成了一道道靓丽的风景线。

　　中国梦，是一个让人颇有感触的词。中国的强大，让我们更有信心地面向世界，面向现代化，面向未来。中国梦，更加贯穿在我们的思想中，梦想照亮未来，梦想成就人生。军训中，教官组织我们实弹射击、看电影。影片中的战士用自己的鲜血反抗敌人，成就了如今繁荣富强的中国，正因为有他们，才有了如今和平繁荣的中国。每当我在看现代军事剧时，我是那么激动，那么崇拜他们。海、陆、空三军的发展，预示着中国的强大。是的，这一切只因我们心中的梦想，一个让中国繁荣富强的梦想。

　　训练中，站不完的军姿、走不完的齐步、踢不完的正步，让我明白什么是严谨。嘹亮的口号和歌声、整齐的步伐，让我明白什么是团结。在这些过程中，当我们踢着正步走过主席台接受教官和学校领导的检阅时，我们以最洪亮的声音喊出"严格训练，严格要求，提高警惕，保卫国家"这十六个字时，心中充满了自豪与骄傲。相信我们每个人都会怀揣着中国梦，只要我们沿着中国特色社会主义道路坚定前行，我们便将比任何时候都更接近梦想。相信我们终有将美好梦想变成现实的一天。军训是短暂的，但是它所留给我们的美好回忆却是永恒的。

（指导老师/房　昱）

人生如船，梦想是帆

交通与环境学院　王惠娜

　　复兴之路，追梦之旅。每个民族都有一个传奇，每一个人都有一个梦。我的梦，就是中国梦！

　　岁月如梭，白驹过隙。为期半月的军训就这样华丽地"杀青"了。这十三天的时间说长不长，说短不短，我却从中获益良多。

　　回想初到军训基地的我，满满的都是对军训无限的期待，但是那些美好的幻想很快就被现实打碎了。骄阳似火的晚秋的确不常见，坚硬的水泥地被晒得直冒热气，而我们站军姿、走齐步、踢正步，还有教官严厉的训斥，渐渐地把我原本的神采飞扬弄得不见踪影，取而代之的是不停地抱怨、发牢骚。然而，"宝剑锋从磨砺出，梅花香自苦寒来"，人是在不断地磨砺中长大的，就像一棵瘦弱的小树经历风雨后才能变成参天大树。慢慢地，我基本上适应了军营的紧张、讲究规范的生活，以及严明的纪律。即使头顶着淋漓的汗水，脚趾已麻，但细想，这一切的酸甜苦辣又何尝不是一种值得回味的经历呢？正如2012年中共新一届领导集体上任后所阐述的伟大中国梦，既然它是一个梦，就必然是关乎人们尚未实现又在努力实现的事情，要圆梦，其过程定是漫长的，而中国梦又催生了我们强烈的奋斗动力，推动着我们向前奔跑。要实现中国梦，我们必须保持积极向上的心和坚强的意志力。记得有位哲人曾说过："生活就像海洋，只有意志坚强的人才能到达彼岸。"想来不正是如此吗？

　　半月的军训不仅是磨炼我们意志力的一种挑战，同时它也是提高我们思想水平的一门必修课。军训理论课、消防安全知识讲座等课程都加深了我对国家国防安全、国际战略环境等方面的认识，而最重要的应是在夜以继日的训练中与队伍培养的团队精神。我想，无论个人表现得多么优秀，如果没有

一个好的队友配合，没有一个讲究团结的集体，那么始终无法获得最后的成功。正如《团结就是力量》中唱的："团结就是力量，团结就是力量，这力量是铁，这力量是钢，比铁还硬比钢还强……"团结互助，讲究集体荣誉感是队伍的成功之道，也是实现集体共同梦想的必备品。

实现中国梦，是对中华民族是否团结的检验。这个梦，需要每个中华儿女一笔一画地描绘，仅仅靠个人或极少数人的努力是远远不够的。每个人都有一个梦，当我们每个人的梦想都聚集在一起，13亿个梦就会形成一个强大的中国梦。2013年习近平总书记曾阐述过："中国梦是凝聚全党全国各族人民团结奋斗的一面旗帜，实现中国梦必须依靠人民群众团结的力量。"中国梦是民族的梦，也是每个中国人的梦，用13亿人民的智慧和力量汇聚起不可战胜的磅礴力量，中国梦又怎会难以实现呢？

感谢军训，让我拥有了强健的体质，更拥有了坚强的意志力。军营里，我见识了军人的气质和钢铁般的意志，实在令人印象深刻。愿每个人都有一次自己的"军训"，不求如跨越地狱般的艰苦，只求给自己一个勇气，褪去身上写满陋习的躯壳，化茧成蝶，寻得另一方人生境界。愿每个人都能拥有积极的心态、坚强的意志，脚踏实地，以自己的实际行动实现自己的梦想，为实现美丽的中国梦而努力。

中国梦，我的梦！若人生是航行于大海的船只，那么中国梦必定是左右我方向、鼓舞我勇敢向前的船帆。

（指导老师/房　昱）

军训梦，我的中国梦

财经学院　何子媛

"恰同学少年，风华正茂；书生意气，挥斥方遒。指点江山，激扬文字，粪土当年万户侯!"一首《沁园春·长沙》道出了毛泽东青年时期的豪迈气概；"吾十有五而志于学"又是孔子的青年志向。我们今当年少，正是有理想、有抱负，期望实现梦想的时期，而"中国梦"的提出，更好地定位了我们奋斗的目标。

犹如白驹过隙，时光就这样匆匆而走，步入大学，军训是第一门必修课，接到消息的我们，既激动又忐忑。大巴把我们送到目的地后就走了，我们望着大巴离去，心中甚是迷惘，不知所措。集体的生活、陌生的环境、紧张的节奏……许多变化，让人不适应，开始了对家、对学校千丝万缕的牵挂。"暗香时滴思亲泪，唯恐思儿泪更多"，感伤的情绪霸占了我的所有。第一天晚上，副总教官发言时提到了感恩，提到了我们的爸爸妈妈。"鸦有反哺之义，羊有跪乳之恩"，爸爸妈妈的悉心培养、细心照顾、无怨无悔的付出，都贯穿着我们的成长，我们习惯了得到，不会刻意去感受，也就不重视学着去感恩。而副总教官一番话，在皎洁的月光下，在离别的日子里，显得格外动人，如醍醐灌顶般让人感触甚深。回到宿舍，我和妈妈联系了，果不其然，妈妈在担心着，我在报过平安之后，心里也像放下了一块石头一样。"黑发不知感恩早，白首方悔孝顺迟"，我这样思考着。军训，是对人格的感悟，对自我的觉醒，是对心里看不见却最纯洁的感恩之田的浇灌！正如我的中国梦，在和谐时代下提升家庭幸福感。

军训浇灌了心中的感恩之田，也燃烧了心中的壮士之火。不试不知军营苦，一试方知军人魂。在走向训练场的一条长坡大道上，竖着伟大的中共党员不畏艰难英勇牺牲的人物事例牌，雷锋、邱少云、李向群……他们用鲜血

谱写了人类历史上英雄人格的光辉，用壮士精神为子孙后代标榜希望！这让我想起了伟大的人民解放军，"雄关漫道真如铁，而今迈步从头越"是红军两万里长征的豪情，是长征进取精神的写照。庄子曾说："哀莫大过于心死。"只要心中希望永存，星星之火也足以燎原。中国人民解放军就这样，凭着毅力，带着希望，不畏艰难困苦，走完漫漫长征路。中国梦是实现中华民族伟大复兴的梦，我们只有铭记历史，保持百折不挠、克服困难的长征精神，才能在中国梦的呐喊下稳步前行。

心中的壮士热情熊熊燃烧，心中的似水柔情也在潺潺流动。一首《团结就是力量》唱出了战友们众志成城、团结一致的气概。虽然我们大多萍水相逢，但"四海皆兄弟，谁为行路人"的友情拉近了战友之间的距离，大家互帮互助，共同欢唱，为紧张的军训生活增添了不少精彩。友情如歌，唱响了大江南北；友情如风，送来了四季花香。军训情，战友情。战友情，我的中国梦！

少年智则国智，少年强则国强，"中国梦是民族的梦，也是每个中国人的梦"。长风破浪会有时，我相信梦想会绽放，中国梦将不只是梦！

（指导老师/舒露瑶）

我的中国梦

财经学院　曲晨轩

　　沐浴灿烂的阳光，我们开展了为期两周辛苦又快乐的新生军训。与鸣蝉齐唱，与清风共舞，在紧张的生活中，我们也收获无数。努力终有回报，我们在军训中得到了锻炼，收获了友谊，提高了素质，领悟了哲理，受益匪浅。

　　我们在军训中学到了太多东西，而最重要的便是梦想，是中国梦。何为中国梦？习近平主席曾说："中国梦的最大特色，便是将国家、民族和个人作为一个命运共同体，将国家利益、民族利益与个人利益紧密地联系起来。每个人的大大小小的梦想，合并起来，便是中国梦！"或许在军训前我们觉得这只是空谈，离我们太过遥远，但是在军训后，我真正领悟到中国梦与我们是息息相关的。中国梦的本质是团结，是为了统一的理想和梦想而奋斗。而军训中最需要的也是团结。一个人走好齐步很简单，但是一班人走齐步伐却十分艰难。在训练中，我们流下了汗水，我们努力了，也坚持了，也正是教官和我们的不放弃，在我们共同的理想下，从步伐散乱走到踏步整齐、毫无杂音。在结营仪式上，我们便是最耀眼的那颗星，而团结的梦想便是最核心的光明。中国梦也是一样的，相信只要我们每个人都为了国家更好而奋斗，为了祖国统一复兴而努力，终有一天，中国梦会在我们手中变为现实。

　　中国梦是梦想，而非理想。乍看相似，而实际不同，因为理想更有现实性，具有必须能够被实现的意味。而梦想则不同，梦想可以广无边际，既可以是翱翔天空，亦可以是万人之上。但这并不意味着中国梦是空谈，它之所以可以任意拓展，是因为实现中国梦的重担主要在有志青年肩上，而青春正具有无限的可能性！青春不怕做不成，只怕不敢想，只要我们坚持，胜利终在前方。而军训也正教会了我们坚持。在军训前，有几人能忍耐着剧痛，站军姿到腿部毫无知觉？有几人能忍耐酷暑与寒风在训练场挺立？有几人能够

用嘶哑的喉咙发出震耳欲聋的咆哮？是的，在十三天中，我们学会了坚持，而这份坚持终将辅助我们实现个人的梦想，而把每个人的梦想汇聚起来，中国梦的实现便不再遥远！

梦想需要坚持，但也更依赖于勇气。歌德曾说："你若失去了财产，你只失去了一点。你若失去了荣誉，你就丢掉了许多。你若失去了勇敢，你就把一切都丢掉了。"实现中国梦的道路必然是十分艰难的，有太多困难阻碍我们，很难想象一个没有勇气支持的人能够坚持下去。勇气给了我们希望，而希望，正是照耀前路的曙光。在军训中，我们一个个由最初的沉默寡言，到与不同班级乃至不同专业的同学主动搭讪，甚至到最后能够大声地、不顾他人眼光地齐声喊出撕心裂肺般巨响的口号。这正是勇气的体现。而在数千人面前进行演讲比赛，在全学院师生面前唱歌，更是让我们打败了怯懦的自己，成为勇敢的战士。实现梦想的路很坎坷，但是相信变得勇敢的我们，定能将崎岖的小道踏成平原，活出最精彩的人生！

军训很短，很仓促，也很难忘。正如同学在结营总结时所说："军训一阵子，受益一辈子。"我们必将把军训精神发扬光大，金色人生，会因这番经历而更璀璨；红色中国，会因我们青年而更美好；蓝色梦想，会因这份努力而永远闪耀！我们会纪念这些时光，并永远珍藏！

（指导老师/舒露瑶）

军训的苦与乐

商务管理学院　庄翠群

"吃得苦中苦，方为人上人。"军训不仅能培养我们大学生吃苦耐劳的精神，而且还能磨炼人的意志。人如果没有坚持到底的毅力，就不会成为紧张军训中的一颗闪亮的星。

十三天的军训生活，说短不短，说长不长。说到底它也就是我们人生当中那短暂的一段时间，但是我们仍然为自己在这段时间里的坚持而感动。当这十三天的军训生活结束时，同学们都兴高采烈地庆祝，却又在离开的时候热泪盈眶。毕竟在这十三天里我们都付出了最大的努力。

在军训中，虽然很苦、很累，但这是一种人生的体验，是战胜自我、锻炼定力与意志力的最佳良机。在烈日的暴晒下，我们挥洒着汗水与泪水，心里虽有说不出的酸甜苦辣，但我们咬牙坚持着，这又何尝不是一种快乐呢！

当我们一到达军训基地时，教官们就给了我们一个下马威：让我们拖着大包小包的行李跑起来，场面的壮观让我为之汗颜。然而这还不是真正累人的时候，站军姿这个简单的动作，教官们却让我们体味到了其中深刻的含义。在炎炎的烈日下，汗水顺着脸颊滑落，那种黏糊糊的感觉是你想挠却又不得的悲惨。最重要的是像我这种一到基地就开始感冒流鼻涕的人，那种鼻涕要流到嘴巴里的恶心感觉，想想我这辈子都不想再体会一回。在练习齐步走、正步走的时候是最折磨身体的。那几天几乎每个同学都因为刚开始的不适应而腿疼，时常有人因为踢正步而大腿抽筋，这让我们觉得更累、更苦！但当我们一坐下聊天，那些疲惫、那些疼痛仿佛都烟消云散了。练蹲姿也是让人难受的一种训练，毕竟有时候一蹲就是十多分钟，而且蹲姿是只靠右脚支撑，当队长喊坐下的时候，我们甚至都热泪盈眶了。

然而最让人忘不了的是总队长的"半面向右转，俯卧撑预备"和"双手

抱头，蹲下起立"，幸好，我们遇上了一个"以德服人"的教官，他从不体罚我们，而是一遍一遍耐心地教导我们。他总说："别老露出你们的'西班牙'，该严肃的时候就严肃，别嘻嘻哈哈。"但是，再怎么样也掩盖不了他幽默的属性。我们都难以忘记休息或者站军姿时耳边环绕的歌曲《Baby》。虽然只有短短十三天的相处，但我们都会永远记得这位"雷锋"。

军训的最后，我们进行了三次结营预演，把我们折腾得不行。最可怕的是，总队长生气时，让全体女生面向太阳，集体晒脸，这种事也是经历一次就够了。最让人印象深刻的是，结营的那天，所有的领导都坐在主席台上检阅我们这十三天的训练成果。当音乐响起的那一刻，我们一个个昂首挺胸地走过主席台，那一刻我们感受到了成功的喜悦。"台上一分钟，台下十年功"在这里得到了完美的注释。

人总是要经历过一些事情才会长大，军训带给我们的不仅仅是直观感受到的苦与乐，还是一种意志力。坚持与稳重，坚强的意志总是在困难的磨砺中培养出来的，在这个和谐的社会中，我们更应该用自己的双手、自己的能力去完成、去实现自己的目标。为实现中华民族伟大复兴贡献自己的力量，为实现自己的中国梦而不断奋斗。

（指导老师/马　健）

军训，让我们再一次长大

电子与通信学院　吴世杰

军训是我迈入大学的第一门课，也是我一生受用的一门课。说实话，在军训之前，我感到很害怕，曾经的军训让我知道了苦和累。可经过这十三天的训练后，我有了截然不同的感受。

教官——有铁骨也有柔肠

当迈入军训基地，我就看到门口两位站岗军官严肃的表情、挺直的身躯、一丝不苟的工作态度，令人敬佩。在后来与教官的接触中，我们还得知他们的训练内容包括五公里越野、四百米的障碍跑，要穿着四层的衣服在太阳的暴晒下站军姿，不合格的还要受到惩罚。即使是这样，他们依然选择留在部队，他们的格言就是"流血流汗不流泪，掉皮掉肉不掉队"，真是铮铮铁骨；而在生活方面，教官对我们却怀着一颗慈心。队列训练时，总是怕我们累着，只要做得好，就可以休息，也从不打骂我们，累的时候还给我们讲笑话，舒缓我们压抑的心情。而当我们问到教官的个人问题时，他又会腼腆地笑笑，真像军歌《当你的秀发拂过我的钢枪》中的那句一样"其实我有铁骨也有柔肠"。

同学——All of one, one of all

虽然大家都来自不同的学校，但每个人心中都渴望和大家成为好朋友。到军训基地的一天，大家来到宿舍整理内务时，先整理好的同学就主动帮助其他同学。在训练中，同学们的团结协作使我们取得了很大的进步。在生活方面，住在下铺的同学很乐意帮助上铺的同学拿放东西。最让我感动的是在吃午饭的时候，所有同学吃完饭后都主动把剩下的饭菜放在盆里，把椅子放好，把自己的垃圾扔掉后再一起走出饭堂，而这本来是值日生做的。一次，某位同学不舒服，大家就帮她拿药，就像是自家人一样照顾她。其实几天的军训过后，我们都不把大家当外人了，就像兄弟姐妹一样。就像《三剑客》那样，我们是一体

的，但又各自独立，永远为同样的目标而努力。All of one，one of all。

训练——风雨中这点痛算什么

在训练场上的时候当然是漫长的，一个简单的动作往往要重复、重复、再重复，一直到教官认为无可挑剔为止。这需要我们整个方队同学的团结和努力，还需要我们不断地坚持，不断地与疲劳作斗争。在分列式的练习中，我们领教了集体的强大，增强了我们的集体主义精神，分列式不是依靠某一个人的力量，而是以团队的整体效果来衡量的。所以，只要有一个人出岔子，整个方队的努力就白费了，因此我们一点儿也不敢懈怠，每个人都打起十二分的精神，努力练习。功夫不负有心人，我们的方队在阅兵中取得了优异的成绩。"他说风雨中这点痛算什么，擦干泪，不要怕，至少我们还有梦。他说风雨中这点痛算什么，擦干泪，不要问为什么。"

（指导老师/张海莹）

军训的酸甜苦辣

软件学院　龙嘉欣

提起笔，才发现十三天的军训即将结束了。从一开始的讨厌提笔，到如今的提笔伤感，十三天恍然如梦，现在的我似乎梦醒了，却还在回味。

涩涩的——酸

人们都说苦是涩的，从人们嘴里最常说的都是苦涩，我却觉得这十三天的军训生活是酸涩涩的。

从踏上来基地的车开始，我心里都是不情愿的，心酸的情绪不断涌出，整个人都是又酸又涩。

军训过程中，我们有好几次的训练都不尽人意，尽管我们大家都按照教官的意思很努力地练习，可结果却差强人意。为此大家都闷闷不乐，心里满是酸涩，最后大家都几经沟通，协商解决方法，最终把事情解决了，至今想起来都满是涩涩的酸。

暖暖的——甜

甜可以是一种味道，可以是一种感受，也可以是一种心情。在这半个月的军营生活中，感受到的甜更多的是本不相识的陌生人却融成一个大家庭的那种暖暖的甜。

与以往不同的是，这次的军训为了方便训练，以性别分班，打破了以往以班级为单位的模式，让我们与素不相识的人形成一个新的集体，刚见面的时候，大家都只跟身边熟悉的人闹成一片，而经过了这段时间的相处后，大家渐渐融为一体，深刻地体会到了团结就是力量，大家都互相帮助，团结合作。在我不停地转动笔杆的此刻，依然非常不舍这个暖暖的大家庭，虽然回到学校我们会各奔东西，却永远都会是一个大家庭。

军训中最少不了的就是教官。都说一个班团结与否跟领导者有着莫大的

关系，从见到教官的第一眼起，他给我的感觉就是暖暖的，而在这次军训中，他教会我们最多的也是团结，以自身行动传递给我们满满的正能量，也让我们成了最有爱的一大家子，日后想起必定会扬起嘴角感叹着这暖暖的甜。

淡淡的——苦

所谓吃得苦中苦，方为人上人。军训就是吃苦锻炼自身最好的时机，正如大家都记得的那句：合理的是锻炼，不合理的便是磨炼。

为期半个月的军训必须有苦有甜，而这其中的苦不仅是训练带来的苦，还是从衣食住行各方面体现出来的苦。

训练期间必定少不了吃苦，但在我看来却只是淡淡的，因为人生在世不可能一帆风顺，每个人都必须有吃苦耐劳的精神，突破自我，而这身体上的累，只会是人生中淡淡的苦罢了。

火火的——辣

骄阳似火，本以为在 11 月份军训的我们不用经历太阳的严烤、台风的洗礼，最终还是逃不过日晒雨淋。火辣的太阳高高挂在头顶，晒得我们的脸火火的，整个人都火火的，而我们更是激情高涨，努力地训练，怀着满满的热情对待这次军训，低调做人，高调做事，努力把事情做到完美，便是我火火的辣生活了。

十三天，说长不算长，说短却也不短，让我经历了如春夏秋冬般的酸甜苦辣，让我懂得为今后的生活思考，学会感恩，懂得珍惜。

日后翻看这篇心得，可能会有更多不同的感受，或感叹，抑或惋惜，而这寥寥数字却不能把我每时每刻的心情感受完整地记下。

时间如箭，光阴如梭。蓦然回首，我感激并怀念我这酸甜苦辣的军训生活。

（指导老师／赖旭珊）

军训之美

商务管理学院　刘　铄

夏天的火辣在瞬间转变为秋冬的清爽，时间是支离弦的箭，给人留下的只是记忆的痕迹。

十三天的军训，十三天的美好时光，我们痛并快乐着。似火的青春散发着蓬勃的朝气，当一群充满热血的少年踏进国防训练基地，无忧无虑地笑着，茫然而又好奇地审视着，万万没想到十三天的军训是伴随着笑与泪的。而人们往往会发现，笑过之后会成长，哭过之后阳光烂漫。

军训，一个非常明确的锻炼人的活动：严格要求，刻苦训练，团结合作。这些都需要我们去付出，也是对我们的肉体与精神的一次考验，历经之后我们会发现，军训一阵子，受益一辈子。军训是美丽的，是有魅力的。

军训没那么伟大，但确实有意义，我们不能说军训一定能改变什么，但只要你用心去对待，总能在这些事物上学到受益终生的美丽，这些都是潜移默化的。

军训之美在于让我们学会坚持。

军训是把磨刀石，磨去我们桀骜不驯的棱角，让我们以圆润的姿态走得更远，我们需要学会克制，让自己的每个细胞都处于听话状态，不动如松。尽管站久了，发麻的脚在歇斯底里地要求你动一动，撩人的阳光让汗水模糊了你的视线，各种磨人的"小妖精"在止不住地轰炸你的意志，但其实只要你咬着牙坚持下去，时间总会屈服于你，成功往往就在你决定放弃的下一秒到来。每次坚持都会让我们有种超越自己的感受，每天一点一点地进步，每天一点一点地充实自己。磨刀石总会在最后让我们以锋利的姿态亮剑于关键时刻。

军训之美在于让我们懂得不舍弃、不放弃。

军训是个炼铁炉，只要你有精神上的松懈，就可能承受不住，化为一摊铁渣，那你将无法成为你心目中的那把钢刀。小小的踢正步就能检验你是否有变为钢的潜质。踢正步时，高抬的腿脚、有力的手臂、铿锵的口号，都让我们纠结不已，我们用花拳绣腿演绎不出正牌军人的坚定有力，但这是我们的必修课，既然来到了这个训练基地，我们就该以最认真的态度去面对，纵然双脚发酸，纵然头顶烈日，纵然声音嘶哑。"立志不坚，终不济事"，没有什么是我们咬咬牙后不能挺过去的，我们在此刻面对小小困难时没有望而却步，我们以后便有足够的信心应付更加困难的挑战，当我们踢着有力的正步参加阅兵仪式，走过主席台，领导们的肯定是我们修成正果的标志。军训教会我，坚持不一定就会获得胜利，但不坚持一定会与胜利擦肩而过。

军训之美在于磨炼我们的意志品质，锻炼我们的团队意识。

或许没能做到最好，但由两个女生班组成的 14 班在一系列磨炼下仍然以团结的面貌出现在大家眼前，这让我们很自豪，我们所流下的汗水是我们通向成功路上的钥匙，指引我们微笑前行。军训后的我们，正如凤凰在烈火中涅槃，然后开始起飞。

军训是我们生命旅途中的一个小驿站，我们在此停留，我们会被刺痛，我们会被感动，美丽的困难让我遇到美丽的自己，美丽的军训让我们完美了自己。军训的日子是首迷人的诗，我们自己书写，我们慢慢感悟。

不说再见，军训教会给我的一切，都在我心中慢慢生根，最后只记得军训很美。

（指导老师/马　健）

感谢有你，我的军训岁月

软件学院　陈晓林

军训已经画上句号。但我看着洗涤干净、叠放整齐的迷彩绿军装，却是难以释怀，感触良多。的确，回顾起来，这次军训生活确实教会了我很多，让我明白了很多，所以，我想说，感谢有你！

这些天我们一直在感受艰苦的军训生活，这样的训练对于我们这些在特区长大的"贵公子""娇小姐"们来说，是既辛苦又兴奋的，是值得回味的一段日子。

我记得，每天训练下来，都累得腰酸腿疼。我们教官是要求严格的人，动作做得不标准就一遍又一遍地要求大家重复操练，直到符合要求为止。不过，我知道，其实教官也是心疼我们的，但他更希望培养我们坚强的毅力。军训生活的甜是一种"苦尽甘来"的甜，是训练场上教官表示肯定的一句话或一个眼神。这种甜是师生之间建立起来的一种深厚的友谊，就像一块巧克力糖，会有丝丝苦味，却让人回味无穷！

大家都说，军训的确很苦，但是我相信，我们一定会怀念这一段既苦又甜的军训生活。为什么呢？你看——

在初冬的骄阳下，我们踢正步、排方队；在激昂的训练场上，我们欢呼、呐喊。就是这样一段生活，使每个人在摸爬滚打中慢慢成长；就是这样一段经历，使我们每个人都在挥洒汗水的过程中变得顽强。

在军营，印象最深的是拉歌。我们最喜欢的就是《打靶归来》："日落西山红霞飞，战士打靶把营归，把营归……"每次好几个班级一起大合唱，心中就有一股喜悦之情油然而生，大家在操场上的灯光下席地而坐，很热闹，很温暖。

如果要问军训给我们留下了什么，我会告诉你，在军营的收获真的太多了。

首先，军训培养了我们的身体素质。一开始训练，只要站上5分钟的军姿，就会有人体力不支。但现在我不夸张地说，即使让我们站上20分钟，还是可以"站如松"。可见，军训对于我们身体素质的培养效果是多么明显。

其次，特殊的军训生活培养了我们的集体观念和纪律观念。在队列中教官非常强调纪律，每当有人在队伍中不打报告便随意乱动时，都会受到教官严厉的批评和惩罚，以增强我们的集体观念。而队列整齐的要求也增强了我们的集体观念，要求我们时刻要想到集体，而不是只考虑自己。

还有，在这次军训期间基地开展了各种"中国梦"系列教育活动、自救互救学习等，都是非常有意义的。这让我们感受到军营生活的丰富多彩。

我承认，这次军营生活虽然有点儿苦、有点儿累，但我知道更苦、更累的还在今后的学习、生活之中。我更加体会到在学习上也要有毅力，也要有吃苦耐劳的精神。人生充满艰辛，生活充满坎坷；与此相比，军训的苦又算得了什么呢？短短的两周和漫长的人生相比，只不过是沧海一粟罢了，也许这段日子在几年后会在记忆中慢慢模糊，但它留下的绿色诗韵，将永远是我们人生中最美的回忆！

唯其如此，相信这次军训生活定会成为我们人生中一段宝贵的财富。所以，我想说，在成长路上，感谢有你相伴，我的军训岁月！

（指导老师／宋晓清）

那些年，这些天

软件学院　黄伟权

又回到最初的起点，记忆中是我青涩的脸，今晚星星都闪得格外的耀眼。不知不觉，大学军训就来到了倒数第一天。

谁不曾恨一个只陪过我们十三天的你，但谁又不曾舍不得你。在这里，我有笑过，有哭过；汗流浃背的背后，却又总有香喷喷的饭菜在等着我们。是一次一次的呐喊，激荡我心中的激情；是一次一次的笑骂，让我每一天都有坚持下去的勇气。

在军训的十三天里，我学会了很多很多的东西，是你，教会了我做人要低调，做一个神秘的男人，但是我总认为太过于神秘迟早会变神经的，所有的低调都是暂时的，而活蹦乱跳、不听话才是一个血气方刚的男儿的本性；就我认为，军训班里最幸福的就是我们军训一班、软件一班，因为有着这样的教官，因为有着这样的我们，青春、人生，都一一展现了出来，我们既是师生关系，更是朋友关系，说话无节制，动作无厘头，生活无限好！

此时此刻，耳边又回响起那首熟悉的旋律："离开部队的那一天，天空并没有下着雨，离开部队的那一天，说好你要来送行。"就要回去了，我不知道是开心还是难过，很多同学都巴不得马上离开这里，因为回去，他们就可以不受限制地过自己的宅男生活；但我不同，我更向往的是热闹。在这里，我什么都不用想，每天准时吃饭、洗澡、睡觉，生活是多么幸福啊！我不用再去想那些绞尽脑筋却又不能解决的作业；在这里，每天都有人一起吹水、聊天，我们一起摩擦摩擦，一起抱大腿，一起在休息的时候偷看女生，好不容易等到教官跟我们吹水，却又要去预演，怀着这样的心情怎么能够百分百地投入训练中呢？

一天天的紧张、一天天的辛酸都将在明天挥袖而去。回到学校，一切都

会回到原来的模样，很留恋这里的一切，总想把这里的东西带走一些。早上的红日、黄昏的夕阳，一切都显得那么美好，军训嘹亮的号声即将变成钟声敲响起回校的讯号；突然间，我的世界变得安静，回想这十几天的生活，总的来说很幸福。

愿明天会更美好，好人好梦！

（指导老师/梁海琴）

十三天，我的军训生活

商务管理学院　陈秀虹

十三天，是短暂而又漫长的，在这十三天里，我们到达布吉的国防基地参加了一场军训。军训，或许在大多数人的眼里是苦的、是累的，有的人甚至为了逃避军训而千方百计当"逃兵"。但是，经历过军训后，我觉得自己接受了一次洗礼，我将在自己选择的道路上更坚强地走下去。

烈日下，是军姿的笔挺，是军体拳的刚硬，是正步的整齐，是口号的洪亮，但更多的是我们的心的磨炼。或许会有人抱怨军训的训练量太大，或许会有人抱怨住宿条件的差劲，可倘若我们改变自己的思想，就不会抱怨太多无关紧要的小事。毕竟，要享受军训带来的收获就必须付出努力和汗水，所以我们更应该摆正自己的态度，认真地去对待每一场训练，以及服从命令。

军训十三天，我学会了如何与陌生人相处，学会了耐心，也学到了一个人成长的标志就是能够勇于担当自己的责任。虽然我们14班是由两个不同的专业班组建而成的，但是我们依然玩得不亦乐乎。教官曾因我们的不团结而训斥我们，我还记得教官说过的一句话："训练不算什么，不要因为训练而破坏友谊，训练不好可以再练，友谊是很重要的东西。"所以，我特别希望这个因军训而结缘的14班在某一天记起这些事时能够微微一笑。

虽然军训的结束了，但我们的人生才刚刚起步。我相信，军训带给我的东西可以让我们受益一辈子。在那里，我收获了友谊，收获了真诚，收获了自己，也收获了回忆。也许，在这份回忆中的我们是充满汗水的，但更多的是欢乐和朝气。因为，我们正值青春。

在这次军训中，我遇到了一个超级好的教官。谭教官给我的是一种朋友的感觉。在训练时，我看到他的严格，我看到他的尽职，我看到他的耐心，我知道他的严格是对我们的负责；在休息时，他跟我们玩在一起，给我们讲

他当兵时的趣事。每一次，都感到他对我们这个班级的关心。所以，在此想跟他说声谢谢，是他带我们走过了这十三天。而且，从许多小事可以得知我们教官是个心细体贴的人。

去军训前，我妹就跟我说这是学生生涯中的最后一次军训，记得好好享受。曾抱怨过军训的苦闷，曾抱怨过宿舍厕所的差劲，然而，习惯成自然，在接下去的那几天，我依旧混得很开心，就连教官都说我们这群人是来打酱油的，但我们也是可以做得好的，即使我们之前是多么散漫，但有心去做一件事的结局是值得期待的。

11月7日，这一天意味着军训结束。我们对着教官唱《再见》，一次又一次地唱给他，他跟着我们唱，我看到了他的眼眶有些红，到了分别时，他送我们上车，清点人数后就头也不回地离开，在出大门的时候，我们看到他，拼命地朝他挥手，有那么一瞬间，我差一点儿掉泪。这段日子，是我人生中的瑰宝。

时间匆匆，有相遇就有分别，有分别就有重逢。十三天，时间不长，记忆却深。那些绽放的年华，在我的旅途中唱着歌谣……

（指导老师/郑嘉玲）

改变·成长·新生

软件学院 张继校

秋意微寒的清晨，天空正泛起鱼肚白，空气里悬挂着蒙蒙的雨帘，点缀着一缕慵懒诗意的气息。睡意未消的我们拧亮昏沉的睡眼，拉起沉重的行李箱，缓缓地登上了前往国防基地的大巴，开始了一段短暂而意义非凡的生活——军训。十三天就像一个美丽醉人的梦，梦醒后，秋阳艳暖，雏鹰健展，年轻的我们体验新生、收获成长！

军旅生活的开始，并不如假想中那么顺利。军队的条例烦琐，如形随影地约束着平时肆意泛滥的自由；军队讲究时效，凡事都要求我们与时间赛跑；军队的纪律严明，不容许我们出半点差错……军队的条条框框太多，令初来乍到的我深感不适。

军旅生活在继续，梦也如火如荼地进行着，我开始慢慢地改变自己。从前在学校，总是作风散漫，办事拖拉，东遗西漏。在切身实际体会了几天军营的生活后，自己竟逐渐适应甚至开始享受这种匆忙踏实的生活状态。早起早睡的作息方式，让我一整天都精神饱满，精力旺盛；干净整洁的内务，让自己每天都能带着愉悦的心情安然入睡；嘹亮有力的口号，让我们喊出了青春迷人的风采……我想，正是由于平时的宽松待己，没有节制，才会令自己错过了许多原本属于生活的激扬充实、能量不息。军营的严格要求，让我懂得了自由并不是绝对的，真正的自由是在我们能够自觉规束自己行为的前提下，去做我们想做的且可以做的事情。自由跨出了边界便是放纵，它一旦没有节制，我们将如脱缰的野马，生活混乱，奔向无底的深渊。

当然，十三天的旅途里，自己并不只是生活方式与作风上的改变，更有思想上的熏陶和意识上的默默改善！印象最深刻的，是陈教官的一番恳切教导：当你们在生活中遭遇困难时，最好的应对方式是将曲折当作生活的常态，

把每一次的挑战当成一种生活的乐趣，在快乐中学会坚持，才能将自己的才能发挥到极致，把每件事情都做得尽善尽美。同时，教官也是言行一致的，在训练我们的过程中，他偶尔面带微笑，他的幽默风趣、乐在其中，极大地缓解了训练过程的枯燥乏味，有效地调动了我们的训练热情。是的，军训并不累，尝试着转换思维的角度，我们可以开心地去面对，在快乐中坚持下去。生活亦是如此，或者辛苦，或者惬意，关键在于我们以一种怎样的意识去思考问题。有些人能够脱胎换骨，就是因为他们改变了自己的意识。

军训，隔绝了两个时空中的我，在学会改变自己生活方式与意识的同时，我收获了成长，也体会到了新生的力量。"天行健，君子以自强不想；地势坤，君子以厚德载物"，军训的成长种子，栽种于生活的沃土，必将使我们的生命之旅一路开花，绽放精彩！

（指导老师/陈亚敏）

军训让我懂得"100－1＝0"

计算机学院　吴炳毅

　　大学和之前的高中、初中不一样，大学生更多的时间要靠自觉学习。所以和同学见面除了平常上课的时间也所剩无几，更有甚者，开学很长一段时间了，可连班里的同学还有不认识的。其实归根结底，也不过是因为大家相处的时间不多。而军训，却让各位同学紧紧地联系到了一起。2014 年 11 月，我们学校组织了第二批的新生军训。开往基地的大巴缓缓驶入了目的地——深圳国防教育训练基地，标志着我们大学生涯中极为重要的一节课——军训即将开始了。

　　刚来到基地，很多同学都不习惯。因为远离父母，远离学校，而且之前所有的习惯，在这里都是不能表现出来的。这不仅让人觉得很不习惯，甚至让人觉得这是一种压制、一种强迫。

　　从第一天开始，我们就处在不断的训练当中，从一开始最简单的停止间转法（向左转、向右转、向后转）以及蹲下起立，还有别的一些简单的技能和动作。每天都极不情愿地整理着内务，摆好枕头被单，放好行李箱以及鞋子、杯子，每一样东西都得按照以前从未做过的形式去做，可是有时候尽管按照要求来做了，却还是难入教官的法眼，不合他们的要求，虽然他们已经一而再、再而三地降低了标准。渐渐地，我们习惯了每天都整理内务，标准也越来越高。我们学的也从一开始最简单的停止间转法到后面的齐步走、正步走。这些东西如果只是放在个人身上的话或许是一件很简单的事，不过真实的情况是要大家都做得好才算好。这中间要经过一个磨合期，有的人步子大，有的人手摆得不好，有的人动作快，这一切都让本来看似简单的事变得不简单。

　　到后来，也不知道是大家练得多了还是怎样，大家都做得很好了，起码

　　能够让教官稍微满意了些，同时大家也都觉得对这一切感到满意，因为我们的共同努力终于有了结果。终于要汇操了，大家的心情都忐忑不安。而临近汇操的那两天训练量并不大，主要以休息为主，或者是因为大家都做得不错了吧。而一天下来没什么训练，这种突然的转变反而让我们觉得不大习惯。

　　21号汇操完了，大家就在一边坐着等待回学校的车。期间在不断地拍照，和同班的同学合照，和教官合照，和区队长合照，到处都洋溢着开心的氛围。不过大家心里还是有很多的不舍得，不论刚来到的时候是多么的不习惯或者不喜欢，后来也渐渐地习惯了，再到临结束时甚至舍不得了。或许这个结束来得太快了。

　　在此次军训中，我收获了很多，譬如军营里的一些习惯，譬如一切按时来，按规定来，一切都是那么的有条不紊，让人能够充分地利用时间；更重要的是和他人合作，因为在训练当中，如果有一个人做不好，那么不论剩下的其他人做得多好，也还是一整个班都做不好。正如第一天教官问我们的问题：什么情况下"100 – 1 = 0"？那就是在一个班里面只要有一个人做不好，那就全部都等于零。

　　别了，大学军训！

（指导老师/吴新民）

军训心得

商务管理学院　张丹丹

　　告别了在深圳国防基地将近半个月的大学军训，这十三天的军训生活给我的体会与感悟良多。体会到的是军人严格的训练、严苛的要求、严谨的作风、严肃的态度，感悟到的是许多生存之道。

　　初到基地，面对一位冷漠的教官、五十人大通铺的宿舍、简陋的床、灰溜溜的床上用品以及那令人意外的脏臭厕所（另外一个功能是浴室），那时我的心情就像基地中训练场上那片枯黄的大草地一样。我的军训就这样开始了，我也随之开始每天都希望时间过得快一点儿、再快一点儿，希望能够快点离开这个枯燥的地方。

　　教官第一天教我们的东西让我记忆深刻，它不是训练动作，也不是军营的规章制度，而是军人的第一准则——服从命令，听从指挥。一个团体，如果没有指挥员，那么这个团体便会没有方向，如果没有服从命令与听从指挥的人，那么团体也就不成团体了，军队更是如此。这让我想到一个班集体，班级需要一个好的班长，同样需要一起协作的同学，这样一个班级才会越来越团结，越来越有力量！然而，团结也是个很神奇的东西，俗话说"一根筷子易折断，十根筷子折不断"，团结能够让一个集体发挥强大的力量！

　　在军训中，有一首歌是每位同学都记忆深刻的，那就是《团结就是力量》。教官们每天要求我们唱这首歌与其他班比赛，我想他们不是要我们唱得多好、多响亮，而是要让我们每一位同学都深知团结的重要性。每天单调枯燥的训练中我最喜欢的就是听教官讲故事，因为每次教官讲故事的时候我总是能从中学到很多人生道理。我的教官很年轻，但是入伍已经七年了，教官经历过许多大事，也多次在各种天灾人祸中，作为英雄的解放军救援部队的一员奔赴救灾前线，亲手救出过一条条濒临死亡的生命。我崇敬军人，崇敬

我的教官，因为他们都是保家卫国的战士，是屹立在保卫国家最前线的勇士。

军训让我学会不怕苦、不怕累，学会坚强，学会克服困难，学会团结友爱，更重要的是让我体会到今天生活的美好是来之不易的。珍惜当下，珍惜生命。军训的时间真的如我希望的一样，一下子就过去了，我没有为基地留下什么，然而基地却带给我许多珍贵无价的东西让我受益终生。

感谢教官，感谢基地！

（指导老师/赵　萌）

军训一阵子，受益一辈子

交通与环境学院　钟凌翔

　　早在高考后的暑假，就从学长、学姐那儿了解了大学军训的"大名"。在他们口中，军训是瘟神病魔，是洪水猛兽，是让人心惊胆战的可怕灾难。瘦了二十斤、变成"非洲人"、腿酸得迈不动、饭难吃得像猪食……各种让人心悸的传言层出不穷，甚至还有人说教官会无故打人。于是乎在不知不觉中，我们对军训产生了抵触、排斥甚至厌恶、恐惧的心理。还没有开始训练，人就怂了一大半。这也是为什么我们的训练一开始搞得一塌糊涂的因由所在。

　　军训真有那么可怕吗？训练了几天后，我们发现，似乎并不是学长学姐们说的那么回事，辛苦是辛苦，但并没有那么夸张。每天的训练不能说轻松，但也着实不累。不过就是走走齐步、踢踢正步而已。至于传说中的体罚，像俯卧撑、蛙跳等，更是几乎没有。饭菜也算可口，至少不会比学校食堂差到哪里去。宿舍确实拥挤，五十个人一个房间，每人只有小小的一张床。但是有风扇、空调、热水，基本生活可以保障。每天早睡早起，作息寝食有规律。日子过得充实，睡眠质量也变好了。这样的军训，真的苦吗？

　　反观在学校的生活，每天早上睡到八点或十点，甚至中午，然后起床、吃饭、上课，甚至上课时还在睡觉，晚上玩手机、玩电脑玩到十二点，甚至凌晨一两点，第二天再周而复始。这才发现，在学校的生活是多么颓废、空虚、糜烂。扪心自问，这样昏昏沉沉、庸庸碌碌地混日子真的是我想要的吗？

　　在学校宽敞的四人间里，我的东西总是丢得乱七八糟，被子也经常不叠。别人问起时，我总推托说没时间。到了这里，在这么拥挤狭小的房间里，时间安排得这么紧凑的情况下，反而能将东西收拾整齐，被子叠得方方正正，为什么？这正是作风和习惯的改变。这难道不是军训最大的收获吗？

　　在学校，每做一件事，都要拖拖拉拉。起个床都要磨蹭十来分钟。二十

分钟前说要去洗衣服，二十分钟后可能还在玩手机。而现在，我可以在十分钟内完成起床、穿衣服、叠被子、刷牙洗脸等一系列事宜。这难道不是让我受益一生的改变吗？

在这里，我们还学习了很多安全常识，如人工呼吸和心肺复苏的操作方法以及灭火器的使用等，这些都可能在未来拯救我们和身边人的生命。

今天是军训的第十天了，还有三天，我们就要离开了。这十天里，我渐渐地习惯了这里的生活，从一开始的抵触到现在的不舍，我整个人都有了巨大的改变。这里是我走向成熟的第一课，是我人生旅途上的一次试炼，在这里学到的东西必将让我在这一生中受益无穷。

（指导老师/李志国）

军营生活与我同在

软件学院　张悦霞

　　灯光倾泄在案头的纸张上，我拿起笔，细细"品味"这十三天的军训生活。这一刻，回忆是那样的熟悉，那样的美好，那样的令人感动。

　　9月13日新生报到，是欢喜也是胆怯。原因有二：第一，大学生活即将开启，新的环境、新的生活、新的伙伴让我期待；第二，十九年来未曾离家的我，要背负一个人的独立，在此没有家人的羽翼来助我飞翔，我必须锻炼出强健的羽翼，独自闯荡。然而短短十三天的军训生活将我的胆怯驱赶得无影无踪，带我走出胆怯的是军训中的小伙伴，是小伙伴们的欢笑。饭桌上，我们互相夹菜；训练场上，我们一起进行立正、稍息、齐步、正步的无限循环；宿舍中，我们相互体谅、嘘寒问暖，让我们的心一次次地拉近，感受军营中的爱。慢慢地，耳边响起的不再是半夜的哭泣声，而是与父母分享、与小伙伴相处的趣事的欢声笑语。

　　有人问我"军训累吗"？我想说："其实还好！"就像白岩松所说的"痛，并快乐着"。通过军训生活，我们在操练中收获友谊，培养默契。十三天的军营生活，让我融入了军训九班这个大家庭，和大家一起严格要求自己。希望军训结束后，在接下来的日子里，我们能更严格地要求自己、完善自己，不再邋遢，并更有规律地生活，在平凡中挑战自我，用心去学习、去生活，这才是我们所向往的大学生活。

　　军训中的队友团结友爱，互帮互助。我们在训练齐步时，教官就经常说，一个人的齐步谁不会，一个班的齐步才是完整的齐步。确实如此，每走一步要看齐排面和手的位置，这难道不是在印证拉封丹"若不团结，任何力量都是渺小的"吗？这难道不是在印证冰心曾经说过的"一朵孤芳自赏的花只是漂亮，一片相互依偎着而怒放的锦绣才会灿烂"吗？军训磨炼了人的意志与

决心，从刚开始那萎靡不振的军姿、踏步、军体拳，到现在的威武的军姿、整齐的踏步、铿锵有力的军体拳，体现了一个人从容面对挫折的自信；体现了一个团队的合作；展现出我们一个群体的青春活力。这些都是我在军营生活中成长的见证，而且我们还学会了什么是坚强、感恩、团结，还有更多的收获无法言语！

军训生活离别在即，我也突然明白，没有人能够永远陪伴在我们身边，即使是骨肉相连的父母，即使是手足情深的兄弟姐妹，即使是严厉可爱的教官……都不可能永远陪在我们身边。因为只有独立，才能成长。也明白我们需要一段时间去锻炼自己，去获得独立生活所需的技能，军训恰好给了我这样一个机会，也给了每个人相同的机会，让自己在军训中修行成长，在每一次辛苦的付出后换来一个提升，并因此次提升而成就一个更好的自我。

灯光，如军人般独自骄傲地绽放着光芒，它告诉我，军营生活还在继续……

（指导老师/陆模兴）

军训改变了我

财经学院　洪佳琳

　　"深圳信息职业技术学院 2014 年新生军训结营仪式正式结束……"在校长宣布军训结束的那一刻，我心中弥漫的是一种不知名的情绪，兴奋而又有些不舍，大学军训生涯就这样结束了。虽然只有十三天，却像做了一场很长很长的梦。再见了，那些在军训基地的日子。

　　那天中午，我们离开时，教官在门口送别的情景，牢牢地定格住了，一切都回到了我们在深信时的模样。回首刚去时我们恐惧想逃离的心情，与那一刻相差甚远了。十三天里，身上的迷彩服被汗水湿了一遍又一遍，在阳光下闪闪发光，在月光中净显整洁，在结束后我们依旧热爱这身军服。如果把每身军服的故事都诉说开来，那故事足以绕地球三千圈，让我们一下子明白了多少人世间的温暖之情。是的，正如标语上所写的"军训一阵子，受益一辈子"。十三天下来，我受益匪浅，不再只是沉浸于郁闷之中。

　　我再也不会因为遇到一点小问题就轻易选择放弃了，因为军训教会了我们要坚持。刚开始军训时，被灼热的太阳烤着的感觉很是令人烦恼，我们根本无心下功夫训练齐步走，一心只想如何结束这噩梦般的军营生活。直到被罚时，教官告诉了我们他曾经经历过的锻炼。在寒冷的冬天，下大雪结冰的时候，他们凌晨 3 点就摸黑起床跑步，还要在雪地上做俯卧撑，冻烂了手指仍要继续训练。听完之后的我们十分心酸，再想想自己那点苦就根本不算什么了，不过是一种锻炼。也在那时，无论是生病还是胃病犯了，我都选择能忍就忍，选择了坚持。

　　我再也不会事事都依赖父母，活在父母的保护中走不出去，因为军训教会了我们"适者生存，不适者淘汰"的生存法则。在基地里，什么事情你都要亲力亲为，没有家中衣来伸手，饭来张口的日子了。哪怕生病了，你也必

须学会照顾自己。因为最会照顾你的人不在身边，而你终究要学会一个人过，一个人去承受生活的苦和痛。摸黑起床，百米冲刺跑回宿舍洗澡的生活，习惯了、适应了就好了。你要学会自己安排时间，提高效率。这也是军训教会我们的，毕竟这是适者生存、不适者淘汰的社会。

我也不再是那个特立独行，一意孤行的固执女孩，因为军训让我明白团结合作、互相包容的重要性。特别是我们训练踢正步时就是需要彼此的默契和互相配合，不能只顾自己，否则只会一团糟。我们要学会融入一个集体中，发挥自己的特性，正所谓"团结就是力量"。另外，人与人的相处必然有矛盾，我们要学会包容和理解他人，换位思考，化干戈为玉帛。大学就是适应社会、磨平棱角的时机。无论何事，退一步海阔天空，这世界有容乃大。

是的，因为军训，我改变了很多，也收获了很多，我不再是以前的那个我，这也是一个蜕变的过程。所有的最初，定格成一幅记忆中的画面，开启了往后的故事。那些看日落日出的日子都将是我们此生最美好的回忆。

这短暂的十三天，充满着爱恨交织，恐惧过、忧郁过、惆怅过，但依旧是快乐更多。回首时的嫣然一笑，便覆盖了那些曾经清晰的疼痛，怀念吹走了所有的忧愁。

（指导老师/雷聪聪）

启　程

软件学院　张华楗

是时候启程了！

是你，让我在不知不觉中有了改变；也是你，带我认识了团队的凝聚力。感谢你——军训。

两周的军训，我们从开始的埋怨到离去时的不舍，这不是剧变，而是一点点的改变。我们共同的家——军营，它带给我们一个新的团队——军训6班。回忆一起走过的两周生活，有苦也有泪，酸甜苦辣，五味陈杂。当离别的钟声敲响，扣动我们心弦的更多的是不舍。

当我们踏上大巴驰向国防基地时，一路上我都在一直幻想着接下来两周的军训生活，它会不会和高中一样？教官会不会很凶？要求会不会很高？班级是怎样分的？……我想了很多很多，车上的同学都渐渐沉睡，而我却心情澎湃，怎么也睡不着，思绪一直在飞舞。缘分，天注定。大学，我们一个班；军训，又在一起。作为班长，我兴奋，我忐忑，在初入大学的三个月里，我接触过不同性格的人，调解过不同类型的矛盾，明白了许多做人做事的道理。但现在，我即将要接受新的考验，迎接新的挑战……

带着这份忐忑，我来到了军营。

涌下大巴，到处弥漫的是军营的气息。一声哨声，一声吆喝，便在教官的指挥下一切井然有序，这令我有些吃惊，往常的懒散在此刻似乎绷起了一根弦，这让我更期待军训即将到来的改变与磨炼。军训是一次吃苦的旅程，更是一次灵魂的洗礼。从踏步到操步，我们从基础开始，练了一遍又一遍，或许你可以把每个动作都做得近乎完美，但这永远不能代表你完成了任务。因为来到这里，军营就是一个充满凝聚力的家庭，每一个班代表的就是一个集体，只有集体成功才是真正的成功，这就需要我们共同完成每一个动作。

这当中，我们吃了苦、流了汗、掉了泪，有时候教官的"粗鲁"会让你觉得颜面尽失，劈头盖脸被骂一顿的情况也时有发生，但面对我们这些在温室里成长的娇弱花朵，也许这是最快的成长方式。

军训让我懂得了很多，心里的感受竟一时找不到言语表达。当我踏上归程，回望基地时，教官微笑地向我们挥手致敬，那微笑代表着对我们成长的赞许，我们得到磨炼了，他们可以放心了。教官没有落泪，但很多女生都哭了，眼泪不是代表她们脆弱，而是代表了她们的坚强与感激。在离别之际，我们向教官还敬了一个庄重的礼。再见，教官！再见，军训！

（指导老师/李　勇）

悟军训，青春梦

商务管理学院　张海英

青春的军训梦醒了，我却仍沉醉其中。

——题记

提笔发现，语言是那么的苍白无力，不能将我的情感表达出千万分之一，可我还是忍不住要记录那段耀眼却又一闪而过的时光，因为它值得我好好地珍惜回味。其实，军训生活对不同的人而言，感悟必不相同。只有经历过的人才能领悟到它的魅力，因为有些感受只能身受，不能言传。即便如此，还是要记下我的军训感受。

恍惚间，那段多姿的军训生活已经过去一周了。此刻的我回想起来，总觉得那是一个梦，一个让我怦然心动、沉醉不已的梦。梦的开始，我们穿着一身光亮整洁的橄榄绿军装上了车，那时我们军装穿在身上，比平常时候多了一份英姿；而梦的结尾，我们身上的军装布满汗水和风尘。那一刻，我明白军装在身，不仅是勃发的英姿，更是扛起来的责任，是肩负着的担当。在下车后回宿舍的路上，我对舍友说："感觉这十三天就像一个梦。"青春的军训梦醒了，可它却从此深深地烙印在我的脑海里，其中蕴藏的意义足以让我用一生去领悟。

那段时光，我们一起挤公用大澡堂，睡在五十人一间的集体大宿舍里，冷夜里我们把两张被子叠起来一起盖。我们学会了关心他人，学会了与其他人更好地相处，学会了不去抱怨环境而是去接受环境、适应环境。那段时光，我们一起顶着烈日站军姿，一起坚持把正步踢好，一起整齐划一地走方队。我们明白我们是一个整体，每个人都不是他者，团结就是力量。那段时光，我们遇到一位最可爱的人、11班的"男朋友"——教官。是他让我们学会了

— 103 —

换位思考、享受痛苦、切记少年得志不可心生傲气、人生就是靠自己拼出来的。那段时光，我们一起用生命在歌唱《团结就是力量》，一起狂吼到嗓子哑了，四五人成一纵队一起跑去拿润喉糖，明白教官每天扯着嗓子喊口号是多么的不容易，学会了感恩教官、感恩他人，也明白了什么是咆哮式的撕心裂肺。结营那天，教官离开主席台，他那渐行渐远的背影，让我们每一个人都红了眼眶，有的人甚至泪流满面。我们登车准备离开基地的那一刻，天空却突然下起微雨，这是把我们的留恋和思念化成雨滴洒在营上……我现在很怀念那段时光，真的！感觉被青春撞了一下腰，怀念我的青春军训梦。

那段时光，那些场景历历在目，这些话更是记忆尤深。"双腿挺直并拢，两脚张开约 60 度，两肩后张，抬头挺胸收腹，下颚微收，目光平视前方。""对待命令要绝对地服从！""团结就是力量！预备唱！""××学院组织休息十五分钟！""××学院组织训练！""××学院组织带到饭堂开饭！""吃饭不许说话，双手放在膝盖，腰挺直！"不知为何，此刻我的耳边一直萦绕着区队长喊出这些口令的声音。想想真的很怀念，是他让我们明白军纪如铁，锤炼出我们坚不可摧的意志！

军训一阵子，受益一辈子。在这十三天里，我们都受益匪浅。认识了许多其他班的同学，跟教官的战友情也逐渐深厚起来，学习到积极的生活态度和人生启迪，学会国防教育知识，增长了许多见识。其实军训不仅锻炼增强我们的体质，更磨炼了我们的意志。它是一次精神的洗礼，军训的力量激励我们在今后的日子里要吃苦耐劳、自强不息、勇往直前、永不言弃！

感谢军训生活，感谢那些军训期间给我帮助和陪伴我的人，你们是我青春军训梦里最美的存在与遇见。是你们教会我成长，带给我关怀，让我明白其实我不是一个人在奋斗！

（指导老师/黄　平）

我的中国梦之旅

财经学院 张 鹏

步入大学，我们已然进入了半个社会，除了迎接新生活的赠予，还要接受新生活的挑战。大一，我们吸收了许多新思维并认识了许多新朋友，我们为此高兴不已。同样的，在等待挑战时，我们斗志昂扬。现在，军训来了，挑战来了！对于军训，我的内心是感到期待和不安的。期待是我希望我可以通过军训来磨炼自己，不安是因为对自己没信心。显然，这种情绪的出现并不能解决什么问题。军训，如期而至。而我的中国梦之旅，也即将开始。

来到国防基地，庄严的建筑和整齐划一的草皮首先映入眼帘。我感觉到，也许我会喜欢这里。从下车集合到分好宿舍只花了 10 分钟，紧接着我们的主教官就领着我们熟悉场地和整理排列队形。是的，这里的生活节奏很快，却让人感到充实。在基地里，我们的一举一动都是有纪律要求的。例如，吃饭前要排队和唱歌，进到饭堂后得听教官指令，吃饭时也不能交头接耳。还有见到教官或老师要问好等等。对于这些，刚开始时还是有些不适应，但是感觉到恪守纪律带来的严明谨慎之风后，一切又变得那么自然了。

在这为期十三天的军训生活里，不得不提一下我的主教官。我的主教官姓温，是个朴质的客家人。他个子不高，却充满力量。在与温教官相处的十几天里，我从他那里学会了很多东西。他教我的不只是军事技能，还有身为男人该有的品质。他教导并督促我们练习军营基本动作，让我们的身体得到锤炼；他和我们分享部队里的感人事迹，我们的思想得以丰腴。在此，我衷心感谢他，这位可爱的客家人——我的主教官。

在军训的日子里，有苦也有甜。在辛苦训练之余，学校和基地联合举办了以"我的中国梦"为主题的演讲比赛。听着选手们激昂的话语，内心思绪万千。对于中国梦，每个人都有自己不一样的理解。在我的心里，中国梦既

是遥远的，又是近于眼前的。习总书记把"中国梦"定义为"实现中华民族伟大复兴，就是中华民族近代以来最伟大梦想"，并且表示这个梦"一定能实现"。"中国梦"凝聚着亿万人民对美好生活的期盼，对民族复兴的希望。中国梦，百姓的小康梦。中国梦，归根到底是人民的梦。这次的军训之旅，同样是我的中国梦之旅！

军训，我的中国梦从此开始……

（指导老师/李伟汉）

军姿·劈叉·小绿花

计算机学院　陈紫茵

　　军训，一个听起来带着些许神秘却又庄严无比的词汇。在没有接受军训前，我们对它望而生畏，觉得它会苦不堪言；而在军训结束后，我们又对它有着无比深切的眷念。

军　姿

　　"抬头，挺胸，收腹，手贴紧，军姿站好！"站军姿是每天必不可少的一项内容，然而当我们一开始站 5 分钟就有点耐不住时，教官说："站军姿是最基本的，是其他一切动作的基础。而且军姿也是最能体现出个人美的，我们生活当中，也要这样站有站相，特别是你们女生啊，站军姿最能体现你们的自信美了。"教官说得这么好，让我有点惭愧，也让我清楚自己必须纠正自己的态度，用端正的认真态度来面对军训，并从军训中提升自己，无论是站军姿、队列训练，还是锻炼耐心、意志、坚忍、团队精神等，用学习的、积极的态度认真参与军训的每一项训练。

劈　叉

　　印象最深的是军训第一天教官跟我们说，吃苦是一种财富。的确，在我们觉得军训是来受罪的时候，就应该有这样的想法：军训虽苦，却是我们每位大学生都应该好好珍惜的财富。现在，站军姿、走齐步，踢正步都成了我们熟悉到不能再熟悉的动作了。"俯卧撑准备""间隔两米开，劈叉，下""两手后背，蹲姿××个"这些原本很陌生的词汇在军训之后都成了熟悉又亲切的话语。记得军训时最怕听到"劈叉"这个词，可是现在想想，却别有一番滋味，因为再也没有人会这样严格要求自己、监督自己，指出我们错误和耐心教导我们了。

小绿花

"故事的小黄花，从出生那年就飘着……"休息时间，某位同学站在大家面前唱起拿手歌曲。漫长的军姿、踢不完的正步，还有走了一遍又一遍的齐步后的休息时间，教官也卸下严格的面具，让我们彼此熟悉，自娱自乐。听着同学的歌曲，让我不禁感慨，大家这样聚在一起的机会真的很难得，虽是同一学院，但不同专业的同学在军训前彼此还是不熟悉的，这样的集体练习或是集体受罚，让我们无形之间多了份默契，多了份集体荣誉感，多了份凝聚力。我们之间的记忆，也会成为故事里的那朵军营小绿花。

生活就像海洋，只有意志坚强的人才能到达彼岸。感谢军训，让我不仅拥有了强健的体魄，更拥有了坚强的意志和笑对生活的心态。愿每个人都能通过军训的历练，拥有积极的心态，跨过生活的海洋，成就意志坚强的人生。

（指导老师/吴迪臻）

中国梦，我的梦

应用外语学院　卢丽敏

梦是心灵的思想，是我们的秘密真情。

——杜鲁门·卡波特

近年来，习近平总书记提出的"中国梦"在社会影响广泛，提高了人们的理想追求。其实，中国梦这个主题一直贯穿在我国历史的长河里，只是内容因时而变。先人们也曾为了他们的中国梦携手奋斗。"国家兴亡，匹夫有责"正体现了古人为了国家安危前仆后继的精神品质。自鸦片战争起，国家遭遇了空前的民族危机，一批批爱国人士走上了救国的道路。那时候，维护国家主权和领土完整就是他们的中国梦。少年智则国智，少年强则国强。作为现代青少年，我们担负着无数人的希望，有的人负于这希望，有的人不孚重望。其实不论结果是否如意，只要尽心尽力，总有人为你鼓掌。

一群身穿绿军装的学子抓住十月的尾巴，开启了他们为期十三天的军训生涯，他们的内心仍然眷念着家人给予他们的温暖，极不情愿地踏进了国防教育基地大门。他们曾经习惯于把事情一拖再拖，所以刚开始的哨声对他们而言是陌生的，以至于乱了阵脚，不知所措，就像下了一半的棋局，东一个，西一个，个人主义体现得淋漓尽致。后来渐渐熟悉了哨音，再加上几天前的训练成果，他们思考的出发点从自己变成了集体，一列列整齐的队伍便呈现出来。他们明白了集体的含义，他们身上散发出了中国共产主义接班人的人格魅力。他们也知道了先有国才有家，作为祖国未来的希望，他们做任何事都要从国家的角度出发，把中国伟大复兴之梦作为自己的梦。中国梦，我的梦，正体现了一个为国尽力的新青年形象。

谁说军训仅仅是体能和纪律的训练？各式各样的讲座让学生们有了长知

识的机会。深圳安全局工作人员的讲座让学生对国家的现状有了进一步的了解。中国周边危机四伏，美国对中国虎视眈眈，要想更好地维护国家主权，必须走强国之路。中国的强国梦与每一个中国人有关，尤其是青少年，他们必须用他们坚实的臂膀担负起强国之梦。中国梦，我的梦，体现的是一个敢于担当的新青年形象。

明月当空，万籁俱寂，军训学子们已酣然入睡，他们的梦里呈现出一个富强民主的中国，他们昂首挺胸，踏向了即将到来的美好时代。

（指导老师/汪伟欣）

我的中国梦

应用外语学院　陈晓珮

　　光阴似箭，日月如梭。转眼间，为期十三天的军训生活就这样结束了，回到日常生活当中却有些不适应，甚至有些怀念还有感恩。

　　开始时，一听到要军训就会感到莫名的害怕和紧张，因为我们知道军训是非常艰苦的活动，是锻炼意志的活动。还记得，那天天气晴朗，我们大一新生，第一批军训的学生，换好一身绿军装，迎接军训的到来。那时的我们，心里大概都是非常紧张还有害怕的吧。但不管怎样，该来的还是来了，想逃也逃不掉，不是吗？

　　在刚去的前三天，是很痛苦的，起早摸黑，训练很辛苦、很累。也许是因为刚去的原因，还有点水土不服。但时间久了，也就好多了，慢慢开始习惯那样的军事化生活。即使每天训练还是前一天已经学过的东西，比如踢正步、走齐步、站军姿等基本的军事技能，但在这样枯燥的学习过程中，除了学会一些基本的技能之外，仍学会了其他非常重要的东西，这些东西就像隐形的翅膀，带我们飞得更远，飞得更高。一个中国梦在我心中油然而生，这是一个美丽的、属于大家的梦。当然，我知道每人心中都有不一样的中国梦，而我体会到的中国梦，就是团结、爱国，还有坚持。

　　在枯燥的军训生活当中，我学会了团结、坚持、坚强，那样才会使你个人甚至是一个团体走得更好，在军训这段神奇又特别的旅程里，我明白了作为一名军人的意义，作为军人，作为战士，站军姿是最基本的技能。我记得总教官说过，如果连军姿都不会站，站不好，那么其他事情就更加不用说。站军姿是为了锻炼我们的意志力，踢正步是为了体现一个人的正直的品格，走齐步是为了看一个人做事的态度，一排排、一列列，走整齐，遇到困难，互相帮助，体现一个团体的团结，这样一些基本的技能，真的让我们学会了

很多东西，也体会到军训的意义。

说到中国梦，不知不觉就会想起战争时期战士们的艰苦奋斗。在军训的时候，基地为我们安排了看电影的课程，既是为了丰富军训生活，也让我们看到英勇的战士们的风采。我最喜欢、印象最深刻的电影便是《伏击》。讲述的是以董明才为主角的一些八路军战士如何英勇抗战，到最后为了顾全大局，为了救大家，明才从马上拿过炸药包往悬崖下跳，牺牲了自己，这是一个非常让人敬佩的战士。这部影片不禁让我想起，曾经有多少人，不管是军人还是普通老百姓，他们为了一个梦，为了一个属于大家的中国梦，英勇奋战，不惜任何代价，与敌人浴血奋战。他们为了能让中国重现光明，为了中国的明天会更好，为了后代的我们，用汗水、用热血，换来今天安定的中国，我们怀念、感恩他们，并继承他们的强国梦、和平梦、发展梦。

随着时代的变迁，社会在进步，科技在进步，小小的我们在成长、在发芽、在长大，我们也有一个中国梦，那就是希望以后会更好，世界更加和平、更加公平。

中国梦，美丽的梦。我的中国梦，我们的中国梦，梦在发芽、在成长。

（指导老师/宫婉怡）

青春中国梦

应用外语学院　吴红玉

年轻的最大优势就是犯了错误还有机会去改正。一切都恍如昨日，刚踏入军训基地，心中满怀憧憬。来到这里教官给我们上的第一节课即是守时，要有时间观念，要有集体观念。"团结就是力量，团结就是力量，这力量是铁，这力量是钢……"时刻萦绕在我们的脑海，挥之不去。

是的，青春是一轮弯月，虽不圆满，却同样有皎洁的光芒；青春是一艘小船，虽不庞大，却能经受风浪的洗礼；青春是含苞欲放的花朵，虽不妖艳，却能散发勃勃生机！现在的我们慢慢体会着军训的酸甜苦辣，欢声笑语。只要我们坚信、坚持，成功的甜蜜一定会属于我们！坚持就是胜利，不经历风雨怎能见彩虹，而这也正是活力青春的内涵。

每天，军训的生活是乏味的，但也是锻炼人的，正所谓"只有钢铁般的纪律，才有钢铁般的意志，钢铁般的队伍"！中国有梦，首先是强国梦，少年强则国强。这个中国梦需要由我们去付出、去完成，这十三天的军训，锻炼出我们强健的体魄、坚强的意志。我们是能够努力实现中国强国梦的实干者和时代强者。

中国梦的实现需要耐性，需要坚韧，需要汗水的浇灌。古人云："宝剑锋从磨砺出，梅花香自苦寒来。"军训是苦的、是累的，我们要做好现在，认真完成军训，不怕苦、不怕累，认真去完成大学对我们的一轮考验，我们只有变得更坚强，明白纪律和命令的重要性，才能为大学生活拉开序幕。

每次军训结束后，整个人就像一个泄了气的皮球，身板无力，但只因心中坚信，也要将腰杆挺得直直的。令我印象深刻的或许是踢正步了吧，每次要求做到力度与速度并存使劲跺脚时，那不甘寂寞的尘土，总会兴奋地飞向空中，飞进我们的眼睛里、鼻子里、嘴巴里！军训中的我们只能是除了服从

还是服从，军训虽苦，但我们不也还是一步一步坚持着走了下来？

泰戈尔说过："只有经历地狱般的磨炼，才能练出创造天堂的力量；只有流过血的手指，才能弹出世间的绝唱。"的确，中国就是一个最好的证明，历经千载春秋分分合合，鲜血染过黄沙淌过大江。有过太平盛世，有过战火纷飞，中华民族在无尽的战火洗礼中屹立至今，让我们的中国梦变得更加璀璨！

军训生活慢慢接近尾声了，但是我们的心态却不曾松懈，或许现在的我们身体上达到了疲惫的高峰，但只要心中有国，心中有梦，那就可以让我们坚持到底。青春本是绚丽多彩的，是有滋亦有味的，让我们大步向前走，奏响中国梦之歌！

（指导老师/蒋　波）

军训感悟

财经学院　吴雪君

　　军训之美好，在于让我们收获了宝贵的友谊并懂得了宽容；军训之可贵，在于让我们知道原来在平淡无奇的生活中还有另外一种不同的人生体验；军训之难忘，在于磨炼了我们，让我们知道我们不仅仅是家里娇生惯养的公主，也可以成为巾帼不让须眉的铿锵女战士……这一切的感悟源于我们越来越明白中国梦的意义所在。中国梦，一个向往美好、幸福的梦想，每个中国人都在为之努力奋斗着。

　　时光荏苒，弹指即逝。回望将近半个月的军训生活，我们学到的绝不仅仅是几个动作那么简单，更多的是一种精神，一种态度，一种钢铁般的意志。走齐步，考验的是一种坚持到底的团队精神；练转身，体现的是敏捷的思维；站军姿，锻炼的是如钢铁般刚硬的军人风范。半个月的军训生活让我们收获了人生中最宝贵的财富，也让我们更加坚定了实现中国梦的理想。

　　也许有人会问"你的中国梦是什么？"我的中国梦很大，我希望国家强盛，社会安定，大家一起努力创造"大同"中国。中国不再被压迫，而是能够自信地屹立在世界之林。社会不再混乱，而是能够和睦相处，其乐融融。我的中国梦很小，我希望每个人都能够老有所依，少有所养，人们不再居无定所流离颠沛，而是有个能够遮风挡雨的温暖小家，过上衣食无忧的小康生活。哦，我想这并不是我一个人的中国梦，这是每一个中国人共同的心愿和梦想。而每一个国人都将为之不断努力。

　　我并不能说我们从一开始就欣然接受了军训这种训练方式，但我觉得军训生活就如同饮茶一样，有点儿先苦后甜的味道。我始终坚信一句话："天将降大任于斯人也，必先苦其心志，劳其筋骨，饿其体肤……增益其所不能。"所以，我们坚持到底，我们不轻言放弃，我们也因此收获了更多。作为中国

人的我们为实现中国梦而走出的第一步，就是坚持不懈，永不言弃。正如一句古话："困难并不可怕，可怕的是对待困难不敢迎难而上却选择逃避。"

半个月的军人生活也让我们对军人这个神圣庄严的词有了更加深刻的了解。军人为了保卫边疆，好几年才能回一次家。而这一切都是因为他们的中国梦，他们的信仰，他们的梦想。记得拿破仑曾说过："如果你是个军人，心里只能装着你的国家和敌人。"我们可敬可爱的战士们，为了国泰民安，为了美好的中国梦，尽他们的一切努力在守护中国实现梦想。

我们即使不能像军人们一样镇守疆土保卫祖国，但也该像他们一样为实现中国梦不辞辛苦、不断努力。感谢我的军训生活，它让我更加了解军人，也更加懂得中国梦对于我们每个中国人的意义。

如果人生是一首歌，那么军训生活将是曲中最优美的一段旋律；如果人生是一本书，那么我们的梦，我们的中国梦，将是书中最精彩的篇章。

（指导老师/李时健）

军训过后，梦依旧

财经学院　张婉婷

军训之旅落下帷幕，我们缓缓而散，再度回到各自的人生节奏与轨迹。

将近半个月的军训是我们人生旅途中小小的一段，尽管这一小段路有些泥泞，但我们却欣赏到妙不可言的风景，有了影响我们未来的重要体验。

坚毅、坚韧和自律

就我个人来讲，应该说受益良多。军训生活与我们的校园生活有很大不同，主要是两个方面，严明的纪律与严格的训练，这两者给了我很大的触动。纪律严明，比如说遵守作息时间、遵守命令与禁忌，违者就要受罚，不论理由。这些都对我们某方面的自由加以束缚。我们爱自由，但并非意味着就能肆意放任自己。一定的要求，一定的底线，就像让我们在这片大地上安定生存的万有引力，是需要的，这才让我们的人生不会过于轻浮、缥缈。没有规矩不成方圆，同样纪律也是规矩，这才成就了一列列令人赞叹的方队。我们也是如此，有所持、有所守。坚持所持所守，就是一种坚定，一种军人般绝对服从的毅力。坚定的毅力从来都是成功道路上的垫脚石。严格的训练则训练了我们的身体，有良好的体魄，这是重要的。同时，军训也在锻炼我们的韧性，人生路上的磕磕绊绊，我们也要有这股韧性。劳其筋骨，饿其体肤，便可增益其所不能。我们身体上的疼痛，也可以化为让我们的心灵得到成长的养料，或许不同于阳光雨露。纪律、训练是源于外部的压力要求，同时，我们也应有自觉，严于律己，这种自律也是一种优秀的品质。自律，如同君子慎独，是一种美好追求，追求做得更好。

坚毅、坚韧和自律是我感悟到的美好品质，是我感受到的、想要将其渗入我人生乐章中的悦耳旋律。而中国梦就是我看到的旖旎风景。

中国梦

军训过程中，不断渗透、穿插着中国梦，不管是中国梦的主题演讲还是文艺晚会。我在其中也深受感染。中国梦，以个人浅见，是过去的、现在的、未来的中国人共同编织的一个梦想。这是我们在奋斗的路上共同仰望的星空，这是我们携手并进时共同眺望的远方，就是我们的强国复兴之梦、国民幸福生活之梦。当我们意识到，就会将个人的梦想与这个社会的梦想融合。我也是在军训中感受到了中国梦深处团结一致的力量，也希望将民族理想与个人梦想紧密结合，实现自己，报效祖国。

没有梦想的人只会是躯壳，没有梦想的民族也不会有光明未来。梦想指引我们，让我们不容易迷失，循着梦想，我们在人生海洋会有更为美丽的航行历程，从而将足迹洒向远方。我们追寻理想的光辉，也可以用这光芒照亮他人。如果我们拓宽理想的宽度，就可以提升人生的境界，看见海阔天空，不必拘束在小圈子里，那么这就需要我们有更为远大的理想抱负。从前，我只会想赚钱养家，让家人在未来的岁月中幸福安宁。现在我会更想要光明的前景，除了家人外，我也想通过资助或者精神鼓舞，努力帮助其他人，从而让社会更为美好。从前，我只会被自己的痛苦困扰，为自己的得失所累。现在，我也学会跳出自己的小圈子，去感受其他群体的喜怒哀乐，去思考社会现状，迷茫时想想更为远大的理想。相比较，现在的自己要比之前洒脱。我想，这是我能看得更远的缘故，也由此，懂得感恩，懂得珍惜，也理解了古人的那种悲天悯人。这就是我理解的中国梦，将人生理想与社会理想接轨，看得更高远，树立更为高远的理想目标。

军训过后，这个梦依旧，铭记你我心中，记着让梦想照入现实。

军训过后，我依旧眺望梦的远方，学着自律，坚定不移地，去接近。

（指导老师/李时健）

军训心得

财经学院　方楚城

　　转眼间就到了军训结营的日子，开营那天的情景依旧历历在目，恍如昨日。从开营到结营，对基地由陌生到熟悉，短短的十三天，我们收获颇丰，果然是"军训一阵子，受益一辈子"。在这里我们结识了许多新的战友，收获了更多的友谊，增进了同学之间的情谊，懂得了更多为人处世的道理，同时也磨炼了自己，使自己各方面都得到了提升。军训后会发现自己变得比以前更有毅力了，更懂得坚持了，更能吃苦耐劳了，更懂得感恩身边的人、事、物了。军训真的教会了我们许多许多，它促使我们成长，成熟。就像训练场上的横幅写的那样——军营半月，受益终生。确实，这短暂但又充实的半个月将会给我们每个人的人生增添一个美丽的符号，为我们的人生奏响新的旋律，增添新的光彩。感谢军训的这段美好的时光，更感谢在这段时光里与我们一同度过的人——我们的同学、老师、教官。

　　站军姿、稍息、立正、向左转、向右转、齐步、正步……这些平日里看似简单、平凡的动作竟然有了那么多的讲究。漫长的军姿、踢不完的正步、挨不完的训斥、做不完的俯卧撑……也正是这些看似简单的动作，使我们慢慢变得坚强起来。军训虽然短暂，但我们从中收获到的东西却那么多。我们学会了谦让和宽容，更注重礼节礼貌，同时也增强了我们的组织纪律观念，磨砺了我们的意志，最重要的是让我们明白了团结合作的重要性及其力量的强大。军训或许很苦、很累，但这是一个体验人生、挑战自我、锻炼意志的最佳时机。烈日下的暴晒，记不清是第几次汗水打湿了衣服……但是，烈日下的我们更是目光如炬，我们挥汗如雨，我们奋勇前行，我们无所畏惧，我们努力地训练只为做得更好，看训练场上那整齐划一的步伐，那嘹亮的口号、那飒爽的英姿。这就是我们，这就是我们的青春，这就是深信学子。军纪如

铁，意志如钢，深信学子，激情飞扬。

短短的十余日军旅生活，足以让我们体会到人生之途并非总是一帆风顺，而是时常会有荆棘存在，我们要学会与坎坷、挫折同行。军训虽然已经结束了，但从某种意义上也可以说是一个新的开始——大学生活的开始。军训让我们重新认识了自己，更完善了我们。这半个月的军营生活将会成为我们的一段美好的回忆，军训生活，有苦有累，有悲有喜，有付出有收获。我们在此扬帆起航，即将乘风破浪，驶向成功。最后再次感谢在这次军训中默默付出的教官、老师，以及可爱的同学们。

中国梦，强军梦，成才梦，半个月的军训就是我们梦的开始。中国梦是国家民族的梦，也是每个中国人的梦，归根到底是人民的梦、我们的梦。"一个人可以一无所有，但是不能没有梦想。"我们的梦就是中国梦，小梦连着大梦，一个个小小的梦加起来就组成了国家的梦。我们大家要实现自己的每个梦想，都必须像蜜蜂那样付出辛勤的劳动，必须像雄鹰那样奋勇拼搏。军训结束了，我们的梦开始了，让我们一起为我们的梦奋斗吧！

（指导老师/李时健）

稍息，立正

计算机学院　钟雨桐

从喧闹的城市踏入宁静的基地，为期十三天的军训如火如荼地拉开了帷幕。

这几天，让我们感觉既漫长又短暂，充满了艰辛和快乐，此刻十三天已经过去，我忽然发现，我是如此留恋和不舍。

对于我们这些生活条件优越的孩子，军训是个再好不过的锻炼机会。一个小时、两个小时甚至几个小时，都重复同一训练内容，换了谁都会疲惫，都会厌倦。可我们只能在心中低声地叫一声累。

太阳公公整天瞅着我们眉开眼笑，害得我站军姿站不到 10 分钟便汗流浃背。但是，问题还不止这一个。头一天训练立正与稍息，上午还好，可一到了下午，一上午的疲劳就使得脚底一阵阵疼痛直往心底里钻，真不知那些军人是不是因为腿部神经麻木了，才能站上数小时。最让人受不了的是太阳公公幸灾乐祸地不停泼洒着他的温暖，蒸得我们的汗水犹如滔滔江水连绵不绝。头部的水汽足以形成一场比 7 月下旬还猛烈的"特大强降雨"。教官还"冷酷到底"地规定没有命令不允许乱动……实在撑不住了，真想大声报告吃不消。但看看同样深受磨难的"战友"们，那声音又咽下去了。同样是独生子女，同样的年龄，他们行，我也行！任凭那烈日熏烤，脚底发痛，我一定要坚实地踏出这关键一步！

训练场上回荡着同学们嘹亮的口号声："一，二，三，四……"稍息、立正、静止转法、齐步走……这些动作看起来简单，可学起来就没那么容易了。握拳、摆臂、步子都有严格的要求。而且光动作到位还不行，还得做到整齐划一。训练是辛苦的，休息是快乐的。休息哨一吹，全场欢呼。休息时，就免不了和教官闲聊，促进军民交流嘛。

都说集体的利益高于一切。我看此话在我们班是再适合不过了。一开始大家训练得还有些松松垮垮的，但当大家得知军训最后要进行汇操并评选优秀集体时，个个就变得精神抖擞，再苦再累的训练也硬撑着。我十分高兴我们班这么有凝聚力。当时便想那奖状一定属于我们了。会操的那天，当我们踏着整齐的步伐经过主席台时，我更坚定了我的想法。校长宣读完优秀集体名单时，我们个个舒了一口气，欢呼……

无论是孟子的"天时不如地利，地利不如人和"，还是范晖的"同舟共济，患实共之"，说的都是人与人之间要团结协作，可见"团队精神"的重要性。我们有热血，更有燃烧热血的个性，我们独立，更有对事物独特的见解，而"团队精神"正是将我们的个性融合，在达到目的的同时也让我们尽情施展个性。在集体中，我们学会了相互包容，学会彼此谅解，学会了忍让，一时间中华民族的传统美德尽显无疑，而我们也在团体中真正实现了自我价值。

从军训的第一天开始，我便努力去适应这里的生活、这里的生活方式。十三天的时间或许太短暂了，来不及让我细加体会。虽然我没有能够学会适应，但我学会了坚持。

人只有在苦难中，才能真正认识自我。的确如此，军训给了我这样的机会。我认识到了自己的缺点与不足，也看清了自己的优点与长处。军训也给了我思考人生的时间，让我明白了许多道理。如果一个人正在遭受苦难，那么此时他的思想便是最理性的；当这个人直面挑战时，他才会无所畏惧，勇往直前。

军训是很辛苦的，回想一下，苦在脚上磨出的泡，苦在被太阳暴晒的脸，苦在站军姿时累酸的腰，军训如此的苦，我当然也有退缩的时候。但我坚持了下来，军训是一个过程，一个考验自我、磨炼自我的过程，半途而废是耻辱。大家都咬紧牙关，不到万不得已决不停止训练，要知道军训本来就是磨炼我们的意志，锻炼我们的身体，那么，为什么要放弃呢？想到这里，我都会咬咬牙挺过去。也许坚毅在累酸的腰间堆集，最后将变得坚实、挺拔与不屈。或许这些不是苦，而是一种收获，一种让我受益终身的收获，我收获的是耐力、是坚毅、是勇敢、是不屈，更是团队精神。无论今后我做什么，想到今天的苦与收获，一切艰难险阻都变得无所谓了。我想这也就达到了军训的目的了吧。

从军训中我们也感受到了很多快乐。从大家整齐的脚步声、高昂的口号声中，我体会到了团结的快乐，当我们队列经过一整天的训练，最终受到领导的表扬时，我自豪地笑了……

十三天过得如此之快，感受最多的还是我们坚持不懈、永不放弃的精神。记得在《谁动了我的奶酪》中看过这样一句话："如果我无所畏惧，我会怎么做?"现在我想，我要做勇敢的女孩。如果我是勇敢的，我无所畏惧，那么我没有理由放弃努力。坚持下去，坚持到底。不经日晒雨淋，不经狂风暴雨，怎么会有属于自己的风雨彩虹，怎么会有属于自己的精彩天地! 生命不息，奋斗不止，所以我坚持，我胜利!

我为我的青春有一个这样的军训烙印而骄傲。那段历经风雨，满溢汗水和笑声的日子真让人怀念。

（指导老师/陈晓萍）

改　变

计算机学院　林楚勇

　　破晓，阳光洒在了宽阔的训练场上，照在了我们的脸上，每个人脸上都洋溢着青春活泼的笑容。这是我们第一天军训，排着整齐的队伍，以军姿待命。

　　大学生活必不可少的一课，是军训。军训带给我们的不只是十三天短暂的回忆，更重要的是让我们明白生活充满困难，但我们需要迎难而上。在军训的十几天里，教官对我们十分严格，每天都过得很累、很辛苦，整天盼着军训能赶快结束，但后来我发现，虽然每天过得很累、很辛苦，但很多时候我们都可以在苦中作乐。在我们辛苦的训练之余，有不少的娱乐节目，都让我感到很开心，或许只有在苦中得到的快乐，才会让你明白真正的快乐是什么，才会明白生活中不能没有的东西就是快乐。快乐对人来说就像空气对生命一样重要，但如果你没有一颗敢于面对困难的心，一心想着为什么我们会到这里来受这种苦，心中便不会有快乐，那么你便难以体会到苦中作乐的甘甜。如果你本来不是一个善于跟困难打交道的人，为何不尝试一下改变现在的心态，试着用心跟困难做朋友呢？

　　生活需要改变，我们这一代人需要的就是学会改变。居安思危是先人给我们留下的宝贵财富，回想清朝的闭关锁国、墨守成规落得的下场，给我们留下了不可磨灭的耻辱回忆，不愿改变，只会让自己更被动，我们要学会改变，不断进步。军训让我们改掉了数不清的陋习——赖床、拖延，总之就是一个"懒"字，军训让我们变得勤快、守时、更有耐心。

　　当我们改变不了环境时，我们就要改变自己。人总是这样，一味地想改变别人而不愿意改变自己。其实，在很多情况下，我们首先是要试着改变自己，如果你来到一个新的环境，你不可能去改变它，你需要做的便是适应它，让它成为习惯，之后你会发现，你比别人少了一样东西，那就是埋怨，少了许多不必要的埋怨，人就变得乐观了，快乐自然就多了，自然就尝到了苦中的甘甜。

军训改变了我对坚持的看法。原来，坚持只是一个念头，继续或者放弃，这是我在军训中最大的体会。如果下一秒你选择继续，那么你就坚持下来了。今天很残酷，明天更残酷，后天很美好，但很多人都倒在了明天晚上。很多时候离美好的生活只有一步之遥，只因为一个想放弃的念头，跟幸福擦肩而过是多么可惜。

军训改变了我，改变了我的作息时间，改变了我的观念，改变了我的生活。一切的改变，让我的一生更加美好！

（指导老师/陈晓萍）

军训收获

交通与环境学院　彭成华

　　"严格训练，严格要求，提高警惕，保卫祖国"，军训结营仪式上这句响亮的口号一直萦绕我耳旁。随着新生军训结营仪式的完成，标志着为期两周的军训结束了，但军训中收获的军人精神、国防知识、中国梦精神将继续伴随着我的一生。

磨炼意志，促我成长

　　站军姿、走齐步、踢正步等都是军训的训练内容。烈日的暴晒晒不垮我们的意志，汗水的挥洒淹没不了我们的执着，身体的劳累战胜不了我们的雄心。一遍又一遍的训练只为了做得更好，一句又一句的叮嘱只为了锻炼我们，一滴又一滴的汗水只为了心中所向。军训虽苦，但它让我们拥有了更顽强的意志。军训虽累，但它让我们拥有了更惊人的潜力；军训虽严，但它让我们拥有了更好的自己。树苗不经风吹雨打，何来参天之躯？河流不经汇聚撞击，何来赴东之势？经过军训的洗礼，我们变得更坚强，我们发现我们成长了。

增强体质，报效祖国

　　经过军训，我们感受到了军人的铮铮铁骨。俯卧撑等体能训练让我们拥有更强健的身体，为以后的生活奠定了身体基础，让我们更好地学习，更好地工作，更好地回报祖国。

关心国防，爱我中华

　　中国共产党第十八次全国代表大会以来，习近平总书记提出了"中国梦"的重要指导思想。要实现中国梦，当然离不开强大的军队力量和国防力量。军训让我们增长了对当今国防的认识，让我们更关心国防，让我们更明白为国防作出贡献的使命和责任。和平的生活让我们更加幸福，但当今中国周边仍存在威胁和平的势力，这就需要我们有更强的国防力量。信息化是如今的主流，但信息化国防离不开传统武器系统的支持，有了各方面的配合，信息化将为国防发挥巨大力量。我们渴望和平，也坚决维护和平，有了和平，我们的中华民族一定会更加昌盛！

军营半月，受益终生。军训的点点滴滴让我们明白了"责任""爱国"等概念。军营里，我得到了顽强的意志、强健的体魄、全面的国防知识……只要我们都负起使命，勇于将青春热血献给祖国和人民，伟大的中国梦定能实现！

中国梦，军营志。

（指导老师/丁　莹）

最美好的回忆

机电工程学院　吴晓映

有一句话说得很好，"最美好的回忆往往是在最苦最累的时候留下的"。

2015 年 11 月 8 日至 20 日，我经历了大学唯一的一次军训，这也可能是我人生中最后一次军训，最后一次集体穿上军服，最后一次走进基地，最后一次正规地走齐步、踢正步……依稀记得，7 号那天，当我穿上军服的一刹那，军人那英姿飒爽的模样立即涌现在我的眼前，我竟然不由自主地举起了我的右手，作出敬礼的手势，我被自己感动了，同时向军人致敬，也为自己身为军人的一分子而自豪！8 号那天，我随校车与全体大一新生们前往位于深圳布吉的国防军事基地，开启了为期近半个月的军训生活。

军训规定男女分开训练，于是我和一群活泼开朗的姑娘组成了机电学院军训 2 班，训练的日子说苦也不苦，说轻松也不轻松，最辛苦的是在太阳暴晒下直冒汗，整个人接近虚脱；好在遇到一位极好的教官——曹教官，在我们休息的时候，他会在我们围起的圈子里跟大家聊聊他的生活，聊当今的社会，聊情感……让我感觉他是一个真性情的男人，一个有血有肉的军人。

半个月，时间不短也不长，我很投入这段军训时光，苦也罢，累也罢，在我看来都不算什么，它就是一次磨炼自我意志力的机会。何况现实当中比军训生活更苦、更累的事比比皆是，既然是磨炼，既然是完善自我的机会，我们何不好好珍惜并把握呢？所幸的事，我坚持下来了，没有生病，没有受伤，就在于我正确地看待军训，并且享受其中！

在军训之前，我认真地想过学校安排军训的目的，并查阅资料和做相关笔记。最后我总结出了军训的目的，其一是让广大的青少年能够体验军人的自律性，遵规守纪同样是我们学生的必修课；其二是身为炎黄子孙，我们青少年应该有振兴中华的使命。

　　正如习近平总书记指出的那样，每个人都有理想和追求，都有自己的梦想。现在，大家都在讨论中国梦，我认为实现中华民族伟大复兴，就是中华民族近代以来最伟大的梦想。这个梦想，凝聚了几代中国人的夙愿，体现了中华民族和中国人民的整体利益，是每一个中华儿女的共同期盼。历史告诉我们，每个人的前途命运都与国家和民族的前途命运紧密相连。国家好，民族好，大家才会好。实现中华民族的伟大复兴是一项光荣而艰巨的事业，需要一代又一代的中国人共同为之努力。空谈误国，实干兴邦。我们这一代共产党员一定要承前启后、继往开来，把我们的党建设好，团结全体中华儿女，把我们国家建设好，把我们民族发展好，继续朝着中华民族伟大复兴的目标奋勇前进。

（指导老师/王建华）

青春，在军旅飞扬

软件学院　陈丹仪

　　不同于我美丽的大学，军训基地里没有像翡翠，似明镜，使人流连忘返的湖；没有错落有致，美轮美奂，引人入胜的建筑；没有设备齐全，舒适温馨的宿舍；没有各式各样，任人挑选的食物……只有炎炎的烈日、坚硬的水泥地、一排排的绿荫。环境虽艰苦，但多了一份坚韧、简单、恬静。

　　离开了安逸自在的校园，离开了父母的羽翼，脱下了潮流时尚的服饰，卸下了精致的妆容。我们统一着军装，以最朴实的状态开启了为期半个月的军旅生活，开始了一段不一样的旅途。青春，在这里飞扬！

　　一头雄狮率领的一群绵羊，会战胜一只绵羊率领的一群狮子。我们在教官的带领下体验了一番军人的气魄、纪律、素质、品质，也引领我们去争做生活中的"军人"。在严格的作息安排下，我们每天5点钟就起来准备迎接新一天。此时的天空仍繁星点点，迎面拂来的风带有丝丝凉意。然而这一切皆是浮云，只因我们已是军人，整装完毕，蓄势待发。一排排的队伍犹如大树般伫立在水泥地面上，一声声口令响亮地回荡在每一个莘莘学子耳中，充斥了这个军纪如铁的基地。

　　"一二一，一二一，一 二 三 四……"教官用雄厚有力的嗓子吼出一声声的口令，我们挥动双臂与双腿，齐步走。有时，我们会觉得凡事只要做好自己就可以了，把自己该做的事情做好，不拖累他人就可以。这样的想法在军训中却是万万行不通的，军队讲究的是团队的团结、默契和相互协调。艾思奇说过这么一句话："一个人像一块砖砌在大礼堂的墙里，是谁也动不得的；但是丢在路上，挡人走路时，是要被人一脚踢开的。"齐步走亦是如此，它更多的是需要团队的团结，只有每个人相互协调，互相配合，整个队伍才能走出整齐统一的步伐，才能给人以视觉的震撼。相反，若各执己见，各自行动，只能如一把散沙，任风吹散。单丝不成线，独木不成林。可见，团结就是力量！

军训生活不单单是枯燥的一味训练，它还给我们的青春带来了不一样的惊喜与感动。虽然一时无法忍受几十个人一间的混乱的宿舍生活和每天都要忙着去大澡堂抢着洗澡，但这些在一些好的事物面前都成了次要的。除了军训，我们还有什么时候可以在小憩的时候与好友围在一起唱唱歌，聊聊心事，玩玩游戏呢？除了军训，我们怎能体验到一个队伍一起流汗，一起受罚的快感呢？除了军训，我们怎能知道，在人生道路上，我们还会留恋不舍一种艰苦的生活？

军训之旅，说长不长，说短不短，但足以震撼我们的青春，成为我们一辈子可以去回味的记忆。时间有如白驹过隙，半个月转眼间就过去了，但就是这半个月，让我们尝尽人生的酸甜苦辣。想家的味道是酸的，与朋友一起欢乐的味道是甜的，严格的作息时间、复杂的内务整理、严厉的训练要求是苦的，与团队一起同甘共苦是辣的。

不同味道的相互交织，使我们的军训之旅更加精彩绝伦，令人回味无穷。

半个月的军训之旅已然过去，不管我们是愉快地度过，还是无奈地消磨，它都已成为我们脑海中的记忆片段。军训，它带给我们的不仅仅是身体上的锻炼，也使我们在精神上得到升华。它教会我们的不单单是让我们知道团结就是力量，更重要的是坚持、坚持、再坚持。愿我们都能铭记于心，在今后的人生道路上，无论遇到什么困难，都能坚持下来，一路披荆斩棘，逆流而上。

（指导老师/任亚洲）

军训感悟

电子与通信学院　林艳霞

梦想在长城脚下放飞，希望点燃黑暗中的一盏明灯，指引我们前进的方向。记得苏格拉底曾经说过：世界上最快乐的事，莫过于为理想而奋斗。我们对此从不怀疑，坚信梦想只要经过奋斗，就可能变成现实。哪怕没有成功，我们也不后悔，因为我们至少奋斗过、努力过。

一个人一生中有许多阶段，每个阶段都有一个新的梦想。当你实现了这个梦想，下一个阶段的梦想就会随之而来。少年强则国强，少年富则国富。少年与祖国息息相关，两者少了谁都不行。

每一个人梦想的实现都必须以国家的强大为坚强后盾。以前我们国家积贫积弱，备受欺凌，那时候每一个中国人都渴望自己的祖国强大，祖国强大了，我们才能过上幸福的生活。国家，国家，先有国后有家。让祖国强大起来，让中国人站起来，这是我们上一辈人执着追寻的中国梦啊！经过艰苦卓绝的奋斗，上一辈人的梦想已经实现了，看看我们的周围，看看洋溢着笑容的我们，时至今日，我们要将中国梦传承下去。为此，我们每一位大学生都应该接受军训的考验。

军训，是一种考验、磨炼、成熟性的活动。儿时的军训，纯粹是游戏；少年时的军训，已是一种锻炼；大学的军训又截然不同，性质也得以升华。仅仅十三天的大学军训，却让我明白了许多人生哲理。有一句话让我感触最深："一分耕耘，一分收获。"军训后才真正理解了它的内涵。在此期间，我们听了国防教育的讲座，通过这个讲座，让我们保卫祖国的意识更加强烈，对中国梦有了更深的认识。今后，我们也会更加努力地奋斗，为中国梦作出实质性的贡献，让我们的祖国更加富强！

阳光照进来，落在堆在角落的军装上，军训的回忆一股脑地全翻了出来，我在呆呆地想着，想着那整齐或凌乱的踏步声。军训究竟带给了我什么？啊，军训，真像一场梦啊！记忆已经在疲劳的压迫下变得愈发模糊，对于军训，我能说什么，是为保卫祖国而刻苦训练，还是充斥其间的铁骨柔情？当然，这些都是值得回忆的，除了这些是否还有其他的呢？

军训，相信没经历过的人都认为它是累的、苦的。确实，严格的作息、长时间的训练、炙热晃眼的太阳……这对一向娇生惯养的我们来说，还真有点儿耐不住。但是经历过军训的人除了苦、累之外，相信还会另有一番感受，我就是这样。为自己能亲身经历，并且坚持下来而骄傲，也许应这样说，再苦再累，能坚持下来就是强者！

不是有句话叫"不到长城非好汉"，军训好比爬长城，坚持下来的才能一览长城的美景，在军训中坚持下来的人，才能在以后生活中遇到困难坚持下来！人只有经历了挫折，才能变得成熟，经历了困难，才能变得坚强。当一切无谓的伤感，在不经意间流露之后，我们小心翼翼地重新拾起那些断续的梦，摩挲着揣回怀里，继续用真诚和汗水寻找属于自己的坐标。

人生是漫长曲折的，需要的不仅仅是梦想、虔诚和汗水，更需要一种勇气、一种信心、一种坚持！也只有如此，我们的中国梦才能更进一步地实现！

（指导老师／张海莹）

少年强则国强

电子与通信学院　侯盈权

　　为期十三天的军训已经落下帷幕，而本次军训却给我留下了难忘的回忆。少年强则国强，是这次军训给我的感悟。

　　军训作为大学生的第一节必修课，显而易见，有着重要的意义。军训不是一种形式，而是要通过军训，锻炼大学生的体魄，磨炼大学生的意志，激发大学生"国家兴亡，匹夫有责"的爱国热情。

　　但是在军训刚刚开始时，我并没有意识到这些，烈日炎炎，站军姿、练队列……对我而言难度不小。我也曾想过谎称生病逃避军训，但是当听到教官介绍他们在部队里，站军姿一站就长达几个小时，百公里越野跑是家常便饭时，我才意识到他们同样是人，同样会累。但是作为军人的他们，保家卫国、守卫国家疆土是他们的天职。为此，再苦、再累都是值得的。于是我下定决心，要积极参加军训，决不逃避，认真做好每一个动作，面对困难，永不言败。因为少年强则国强。大学生作为少年中的佼佼者，必须肩负历史使命，为祖国的富强和人民的幸福而努力。

　　军训生活虽然简单乏味，但不时还会有点乐趣。比如，班与班之间的大PK，哪个班动作做得好，训练成果好，哪个班晚上就能早点回宿舍休息。这让每个班都斗志昂扬，为了争第一，都刻苦训练着。在经过两次大PK的失败后，我们军训4班终于完美地展现了军训成果。付出的努力和汗水，也终于得到了回报。还有就是拉歌，通俗点说，就是军训班之间的歌唱比赛，看谁的歌声好，歌声大。当时教官带着我们去和女生班拉歌，但由于我们的歌声不够好而败下阵来。失败的惩罚就是短暂的体能训练。但还是挺开心的，给简单乏味的军训生活增添了色彩。

　　军训，教会了我严肃、紧张、责任、荣誉。军训的生活很有规律，不管怎么样都要守时。虽然只是短暂的十几天，但还是让我学会了很多做人做事的道理，学会了如何与人相处。同时让我认识到，无论遇到再大的困难和挫折，我们都不能低头，不能放弃，要用自己最大的努力去完成它。

中国梦，就是强国梦！少年强则中国强！相信这十三天的军训，训出的是强健的体魄、是坚强的意志、是赤诚的爱国之心，更训出了我们要报效祖国的雄心壮志，以及我们伟大中国梦的宏伟蓝图。

（指导老师/刘丁慧）

梦里我是一名军人

电子与通信学院　戴敏榆

　　我的中国梦也许是卑微渺小的，甚至只是天马行空，但心中保卫祖国的小苗依旧在成长。

——题记

　　在军训之前，我只是听说过大学军训比较辛苦，但对于我这种运动型女生而言，军训却是充满期待的。

　　军训是有些枯燥乏味。在站军姿时，我头望着蓝天，心想：天这么蓝，这么高，云又那么白，远在边疆的战士们站军姿时会不会和我现在一样在胡思乱想呢？我们军训的时间是冬至过后了，大雁南飞，经常一抬头就看到整齐的雁群掠过的身影，如果我真的是一名服兵役的边防军人，我此时此刻是否正背着一百斤重的背囊行走在土丘上？

　　总有人会有军人梦，军人在大部分人心中都是严肃的、端庄的、令人敬佩的。我曾经的梦想亦是当一名正气凛然的军人，保卫我的国家、我的家乡以及所有我爱的人。就在军训的第四天下午，我被选为军队生活交换生之一，也就是说我要去真正的军队里生活三个月，体验真正的军人生活。于是，在军训的第五天，我告别了教官和同学们，坐上了军队大卡车，与其他二十九位被幸运选中的同学一同前往那未知的军队生活。也不知道怎么到达的军营，这里没有我想象的那么荒芜，按照行车时间的长短，我估计应该就在深圳市附近。

　　在来之前，我们就已经换上了一身军装和军用背囊，一行人在某栋大楼下站好军姿，等待负责人过来。时间就是太阳从我的右边脸移动的痕迹，汗珠滑过脸颊，却滑不掉我们的热情。不知过了多长时间，负责人从大楼正门里走了出来，他是一名魁梧的军人，他说："很好，你们都坚持了一个小时的军姿，说明你们已经开始有作为一名军人的觉悟了！现在可以跟着我去宿舍放好行李，下午一点还是在这里集合。"放好行李后，我们几个交换生开始对着周围陌生的环境进行闲聊，你一言我一语的，笑声不断。经过午休后，我们终于被分别安排进不同的军班里。

一开始的训练都是站军姿和练蹲姿，这是一切训练的基础，但也是最磨炼人的意志力的！后来的体能训练进行到了跑步十公里，甚至负重长跑，练军体拳和基本的擒拿，以及各种演习。身体上的酸痛是肯定的，实在坚持不下去时也不敢当众哭出来，因为每个人都在承受着一样的痛。在深夜因想家而哭泣时，我只能默默地抹掉眼泪，翻个身依然要挺过去。就在适应军队生活后，我已经觉得体能训练不是痛苦的事了。三个月很快就过去了，就在离别军队的前一晚，大家为我们举行了送别晚会。

离别的那天凌晨，我被闹钟吵醒，打开手机一看，五点了。突然想起，军队是不允许私自带手机的啊！翻了个身，我顿时知道我做了一个很长的梦，梦里我是一名军人。心是暖的，已经不能抗拒的满足感令我期待新一天的军训生活！

（指导老师/周　晟）

我的中国梦

电子与通信学院　刘卓欣

转眼间，为期十三天的军训飞逝而过，而我们心中却依然有不舍，我认为军训不仅让我们学会了军事技能，而且促进了同学之间的沟通和交往。我们来自五湖四海，因为一纸通知书而聚集在一起，而军训把我们从陌生变成了逐渐熟悉。军训，虽然有苦有累，但苦中带乐，每天想着在痛苦中学会成长，与同学们同甘共苦，就能减轻痛苦。在困难中学会互相帮助，这些收获远远大于军事训练在体能上带来的收获。

刚开始时，我们满怀希望地来到了军训基地，心中充满了希望和期待。希望能遇到一个好教官，可以不让我们受到太多的惩罚，并期待能够在这里学有所成。而当我们遇到不太好的教官，经常会怪教官太严。后来想想，其实他们也是非常辛苦的，因为他们也要考虑如何把我们教好。我们也会因为对父母的思念而讨厌军训，而到了后来，我们逐渐在军训中把对父母的思念淡忘，其实，国家安排我们参加军训，也是想让我们增加对国防教育的认识吧。以前我们国家饱受欺凌，从清政府签订诸多不平等条约，再到后来日本践踏中国领土。俗话说，少年强则国强，少年富则国富。其实，也是想让我们接受国防教育，增加对军队的认识。我们每个人都有理想，军训的目的也是让我们树立和认识自己的理想，加强对我们进行军事教育，提高军事技能。军训，是我们磨炼意志的好时机，虽然我们在太阳下淌着汗水，但是，我们可以从中培养独立的意识。以前，我们都在父母的陪伴下长大，受到父母太多的娇惯……但是，当我们脱离父母的怀抱的时候，我们就像脱离了缰绳。当我们脱离缰绳的时候，我们会感到不适应，而军训是要我们彻底摆脱对父母的依赖，让自己独立生活，但从中我们也体会到同学的帮助与关爱，这也是为了促进同学之间的关系。

军训不是特种训练，而是对我们身心和意志的磨炼，也希望我们把这种精神带到今后的生活和工作中去，人生中的军训不多，要好好珍惜这为数不多的活动。军训不是为了训练而训练，要化"忍受"为"享受"，教官训练我们，是为了我们以后的人生道路能够走得更顺畅，仔细想想，也是为我们好。

我希望能够从现在做起，把军训养成的好习惯传授给更多的朋友，在今后的学习和生活中，也养成军训的作风。要知道，雷厉风行是军人的作风，我们要把这种精神传授给更多需要的人。

（指导老师/周 晟）

我心中的梦

电子与通信学院　范剑珍

实现中国梦，必须走中国特色社会主义道路，必须弘扬中国精神，必须凝聚中国力量。这是国家主席习近平在 2013 年 3 月 17 日十二届全国人大一次会议闭幕会上发表的重要讲话。

曾几何时，我们都有一个梦。是的，那就是中国梦。中国梦是民族的梦，也是每个中国人的梦。中国梦是我们 14 亿中国人民共同的梦，这个梦给予我们前进的方向，是给予我们方向的灯塔。三入军营，让我更加明白了中国梦，让我更加深刻地认识了中国梦。大学的军训总会使我们更全面地了解中国梦。然而，中国梦的实现还在路上，征途漫漫，需要我们每个在校学生的积极参与，积极投身于社会实践活动。发展中国梦，需要我们团结好身边的每一个人，需要每个人都为中国梦的实现而努力。在军训基地，我们都懂得了只有团结好队友，才能更好、更快、更出色地完成每一个任务。中国梦要求我们紧密团结，万众一心，竭尽全力为中国梦而努力。

2015 年 11 月 13 日晚的巴黎恐怖袭击、2015 年 11 月 19 日中国公民樊京辉被"伊斯兰国"极端组织残忍杀害……这些暴行无一不让国人愤怒。在关键时刻，唯有团结好国人，方能筑起坚不可摧的铜墙铁壁。这使我更加坚定地认识到实现中国梦的路上布满荆棘。军训给了我更深层次的感悟，唯有自己强大，方有余力保护他人。

中国梦亦是强军梦，日本力图包围中国、美国滋事南海、菲律宾挑衅中国等事件，无一不在告诉我们中国必须强大。落后就要挨打，这是千古不变的法则。美国等西方强国发动的伊拉克战争、伊朗战争、叙利亚战争等给无数无辜的平民百姓造成了深重的灾难，叙利亚难民四岁男孩海滩遇难令人扼腕。唯有国强才能有民生，我们必须凝聚中国力量，齐心协力，保家卫国，将一切不法分子绳之以法，以实现中华民族共同的中国梦。

中国梦将保障和改善民生为重点，以实现好、维护好、发展好最广大人民的根本利益。学有所教、劳有所得、病有所医、老有所养、住有所居是每个人心中的最直接、最简单的中国梦。耀眼的珍珠并非一日之物，它是沙子与蚌的共同努力而得来的，过程甚是艰辛。中国梦的实现亦如此，我们的中国梦要循序渐进，切忌操之过急。

中国梦必须走中国道路，即中国特色社会主义道路，必须弘扬中国精神，即以爱国主义为核心的民族精神。的确如此，我们需要领路人，需要指明灯，去探索前方的荆棘道路。

作为在校学生的我们，实现中国梦更重要的是加强学习意识，提高素质和能力。毛主席曾说："饭可以一日不吃，觉可以一日不睡，书不可以一日不读。"学习是前进的基础，唯有学好科学文化知识，提高文化素养方可实现中国梦。

坚定理想信念，树立全心全意为人民服务的意识，与时俱进，争当社会的领头羊。空谈误国，实干兴邦。着手实际，放眼未来，我们一起为实现中国梦而奋斗吧！

（指导老师/张海莹）

记难忘的军训生活

电子与通信学院　安思远

　　顶着太阳，笔直地站立在操场上；踢起正步，双腿仿佛灌了铅一般沉重；疲惫的身躯加上麻木的表情，这是我对前几次军训最直接的印象了。但是，这次大学的军训却多少有些不同，在这次"魔鬼训练"中，我得到了人生的一块重要拼图。

　　服从命令是一名士兵的天职，无论何时，不论何地，军人都是以服从命令为己任的。这是基地的教官给我们这群"新兵"上的第一课。无论命令看似多么不合理，多么不现实，都应当毫不犹豫地坚决执行。在这次军训中，我们耳畔一直响着教官们的"温声细语"。我们从最开始的不满、质疑，甚至是轻微的反抗，到后面的绝对服从、说一不二，这就是我们由普通的学生到"士兵"的最大转变了。现在回想起这段经历，那就是泪走过，笑来了。

　　团结是建立在服从之上的。刚来到一个陌生的环境，虽然可能没有明确地表现出来，但是不安、怀疑、思乡……种种的念头涌上心头。虽然很多同学都是萍水相逢，但我们就像是遇到了黏合剂，被一道道命令和一次次的活动粘了起来。这让我第一次深刻体会到集体的感觉，第一次感觉到身边的同学是如此的亲近，没有血缘却胜似兄弟。

　　我们懂得了一旦个体利益和集体利益相互冲突时，最正确的应对与处理方法是学会服从，牺牲小我，成就大我。这样一来，更高远的目标才能够实现。而每一个来之不易的成功都是众人齐心协力、牺牲个人利益换来的。有些同学因为身体不协调，无法标准地完成教官教授的动作，最后的分列式不能参加。这并不是他们不努力，他们的汗比谁流的都多，即使没有上场，我也敢说，大家都是好样的！

　　整齐的步伐、标准的动作、洪亮的口号……这些无一不是来自辛苦的汗水。这段难忘的军训生活中，似乎何处都离不开"累"这个字。最开始累得死去活来，似乎眼睛一闭就困得要倒下。这到底有什么意义？这是大部分人在军训开始时最想问的一个问题。到最后我们才明白：我们只是凡夫俗子，血肉之躯终究不能与火枪大炮、飞机坦克相抗衡。但是活生生的血肉之躯也有钢铁机械无法比及的地方，那就是毅力！而获得这股毅力的途径唯有一条：练！好兵都是练出来的，在这一次次的练习之中，毅力、体能、胆识都在成长。军事人才的培养是一个国家军事力量储备的核心。一个能征善战的军队，不仅要靠最好的武器装备，更需要平时的严格训练。战场上的一个动作就可以轻易决定生死，而唯独平时训练练就的基本功才是顽强战斗的本钱。通过本次军训，我们褪尽了身上的稚气，一跃成了一群新兵。

教官们除了日常的训练，还在训练之余极大地丰富了我们的军事国防知识。在一次次讲座中，我们学到了与国防和自救相关的各种知识。这些知识在学习和生活中都有很大的用处。最令我们激动的则是实弹射击了，我们这群没有上过战场的新兵，也在这实弹射击中体验到了那只能在影片中才能看见的战火硝烟和钢铁洪流。我们从手上的钢枪了解到了此时祖国的强大。有时晚上会放爱国主义电影，有些人将之视为劳累后的消遣，但这些影片的内容和思想对我们的成长也是有着莫大作用的，我很高兴自己并没有将它们遗漏。

一个强大的国家，一定会需要强大的武力和先进的武器来阻挡外敌，安定内部的民心。落后就要挨打，这是中国近百年来最能深切体会的教训。我们祖国的强大就是建立在无数前辈艰苦卓绝的奋斗之上的。所谓十年树木，百年树人，我们中的大部分人，不一定有机会在战场上为国效力，但可以在别的领域实现强军梦、强国梦。我是一个体质不好的人，注定无法直接加入战斗，但我是移动通信专业的学生。在战场上，没有什么能比高速且稳定地传递信息、交流和调度更重要的事情了。战争中获胜不只是依靠武力的强大，还需要积极地利用各种信息。希望我的所学、所知、所成能终有一日为国所用，强军报国！

有苦、有泪、有汗水、有激情。终于，我们离开了军营。忘不了训练时教官的嘶吼和我们完成任务以后露出的笑容，忘不了刻在身上的劳累和伤痛，

忘不了捡回的带余温的弹壳和手上被烫出的水泡……脸上的笑容和擦不完的泪水，宣告我们完成了人生的一场成人礼，迷彩服比西装更能展示我们的青春活力。军训就是人生的小小缩影：大浪过后，软泥烂沙都会被冲走，磐石坚金才能留下。谢谢教官，您的所教所讲，我们会牢记在心。谢谢军训！

（指导老师/曹美多）

我军训，我快乐

交通与环境学院　冯鹏远

"向右看齐，向右转，立正……"各种口令犹在耳边不断响起，一转眼，为期十三天的军训圆满结束了，留给了我们酸甜苦辣的回忆。

其实，在我看来结束并不是句号，而是漫长人生的一个逗号。需要我们拼搏奋斗的日子还长着呢，正所谓"路漫漫其修远兮，吾将上下而求索"。我们必须踏着更加坚定的步伐，向我们的未来迈出一步又一步！化汗水为动力，化责骂为傲气，化疲惫为力量，昂首挺胸，把一个个困难险阻击垮。

在军训的这些日子里，灼热的大地、火辣辣的太阳、汗流浃背的学生，构成了一道特别的"吃苦风景线"。阳光下的我们每天唱着一首首军歌，意气风发，即使每天都拖着酸痛的四肢，却并不在乎，我们反而在乎的是我们学到了什么，学会了什么。正如现在网络上流行的一句话：吃苦不是什么时尚，需要用汗水和毅力去交换。吃苦使我们在面对挫折时学会冷静对待，吃苦使我们在摔倒时重新站起来，吃苦使我们在艰苦的环境下懂得感恩！所以，吃苦真的给我们留下了无尽的财富——强健的体魄、雷厉风行的作风和敢于战胜困难的勇气。

我感觉军训中各种锻炼已经把我们这一群十八九岁的人变成了真正的大学生，让我们从中受益匪浅，知道了什么是真正的快乐，怎样去承担责任。还记得在我训练到第五天的时候，平时一贯拖拖拉拉的我早已疲惫不堪。刚学站军姿的时候，我就非常疑惑为什么体育课中常要做且早已学会的动作，教官要如此仔细地讲解？为什么一个左转、一个右转教官要如此煞费苦心地让我们练习？军训到第七天时，我们的教官甚至要我们集体在饭堂门口喊："第七天了，我们连个齐步都还不会走！"那时候我们心里真的很委屈，但我们不能退缩，要勇敢面对。到最后我们依靠团结的力量，一个一个地去纠正

错误，终于在最后一天的结营仪式上提交了一份完美的答卷。或许在军训中我们学会的永远不只这些，但是对这些紧张而又愉快的训练，严格而亲切的教诲，我想，我会终生受用。

教官的严格是我们的荣幸。正是在教官的严格指导和要求下，我们才能获得优秀班集体和优秀内务的荣誉。当然这里面有我们的功劳，也有教官的功劳，其实军训并非人们心目中的魔鬼训练、灰色节奏。紧张忙碌的军训之余，我们一同说出了当兵的各种心声，并开心地聊起了人生。同时我们要珍惜军训的小伙伴，所有人都是人生道路上的一次奇遇，定会铭记于心。

白驹过隙，时光似水，仿佛一眨眼的工夫，军训就画上了句号。回首军训生活中的各种画面，我更多的还是感慨："忆往昔，数风流人物，还在今朝。"我相信：我军训，我快乐，我做到了！

（指导老师/陈洁婷）

军训壮我中国梦

交通与环境学院　黄佳锐

从进入国防教育基地开始，简陋的生活条件、严格的教官、一遍又一遍枯燥的训练、一句又一句不留情面的呵斥，对我来说无疑是一种考验、一种磨炼、一种人生难得的体验。但在考验、磨炼的同时也让我深刻认识到中国梦的内涵，进一步强化壮大我心中的中国梦。

整整十三天的军训，我们交环三班用比别的班级多出许多的时间与辛勤，练就了军训阅兵场上漂亮的分列式。当别的班级的同学还在刷牙洗脸的时候，我们已经在训练场训练了；当别的班级在休息的时候，我们仍需练好才能停下休息。在我们所练的分列式中，踢正步是最难的，但它给我们带来的是排山倒海的气势，也赋予了我们坚忍不拔的毅力；而站军姿，则给了我们中华民族五千年来不屈的脊梁，也给了我们龙之传人无穷的意志；还有练转身，体现了人类活跃敏捷的思维，更体现了集体主义的伟大。

孟子曾经说过："天将降大任于斯人也，必先苦其心志，劳其筋骨，饿其体肤，空乏其身，行拂乱其所为，所以动心忍性，曾益其所不能。"苏轼也曾说过："古之立大事者，不惟有超世之才，亦必有坚忍不拔之志。"军训，在给我劳累的同时，也给了我健康强壮的身体，给了我一遍又一遍重复的耐心，给了我坚忍不拔的毅力，锻炼了我的意志，为我铸造中国梦打下了坚实的基础。同时，军训也使我领略到了军人的风范，从而更加向往那绿色的迷彩，坚定了保家卫国的信念。

少年强则国强，少年富则国富。少年的未来与祖国的命运息息相关，两者少了谁都不行。我们生长在祖国的襁褓里，而祖国社会的和谐、中华文明的复兴、综合国力的提升、中国梦的实现，需要我们新一代的年轻人共同努力。而军训则能让我们磨去娇气的外皮，壮大中国梦。

花盆里养不出参天松，庭院里练不出千里马，太过优越的环境反而会使人堕落。军训的磨炼是保险栓，警示我们做人要踏踏实实、纪律严明、精益求精。军训期间举办的国防知识教育讲座是预防针，告诫我们仍要刻苦学习，不要停止前进的步伐，才能有足够的能力保家卫国。军训让我们吃苦，证明我们是值得托付的共和国新主人，是能够实践"努力实现中国梦、强国梦"的实干者和时代强者。军训让我们感受各种情怀，展现中华民族伟大的凝聚力、向心力，告诉我们团结的力量，纠正我们的自私和个人英雄主义，锻造一腔豪气、满腔热血，提高我们新青年的责任意识！

昨日军训的质量，就是明日中国梦的质量。军训壮我强健的体魄，壮我坚强的意志，壮我赤诚的爱国之心，更壮我宏伟蓝图的中国梦！

（指导老师/李志国）

军训梦，中国梦

交通与环境学院　傅若琳

深信学子，基地军训，酸甜苦辣，别有风味。一分耕耘，一分收获。军训之旅，获益匪浅，感恩珍惜。

军训，是大学的必修课之一，也是我们成长的必修课之一。通过军训，我们不但能掌握基本的军事知识和技能，而且能促进良好学风与生活作风的养成，提高政治觉悟。军训一阵子，受益一辈子！

在军训之前，我对军训基地生活充满恐惧与期待。对于陌生的环境与艰苦的条件充满恐惧；对于与战友"并肩作战"，向教官"取经学习"则是满怀期待。从未参加过军训的我，带着一丝紧张与兴奋，步入了我的军训之旅，放飞了我的中国梦。

"掉皮掉肉不掉泪，流血流汗不流泪"，这是军训刚开始时校长对深信学子的忠告与期待。"吃得苦中苦，方为人上人"，这是我在军训中的深刻感悟。

军训中，一项简单的内容却由数个动作组成。站军姿是军训的第一课。站军姿，头要正，两肩微后张，挺胸收腹，提臀夹腿，两脚呈60°夹角。站军姿，站的是理想在蓝天上跳跃，站的是信念在大地上升腾。军姿、转法、齐步走、正步走……从中体会到军人的作风，是严肃认真，是雷厉风行。严明的纪律、紧张的节奏，虽然这并没有部队里的正规，但从中仍然能深刻体会到"绿橄榄"的真正含义。

九层之台，起于垒土。今天的每一点进步，都是对美好明天的祝福。由每个分解动作组成严谨有序的项目，由每个认真可爱的同学组成强有力的队伍。军训过程中，除了自己的努力，也需要队友的支持。团结就是力量。一人出错，影响全局。

交环十一班，"吴梦"十一班，这个友爱的大集体，我永远都不会忘记。

我们可以严肃认真待军训，亦能悠闲轻松话家常。十一班那一张张可爱的面孔——感恩珍惜！"吴梦"十一班，承载着我们的中国梦！

军营训练，也许我的人生就这一次了吧。早晨准备运动、饭前唱军歌、晚上跑小卖部……这一切，都让人珍惜！

莎士比亚曾言："有一千个读者就有一千个哈姆雷特。"军训，对于每个人都是别有一番滋味在心头。军训，承载着我心中小小的军人梦，放飞我心中大大的中国梦！

感恩珍惜教官，给予我们关怀，教会我们严肃！感恩珍惜学校，给予我们成长的条件！感恩珍惜军训！军训已过，教诲永铭。苦中作乐，严于律己，滴水穿石，抱德炀和。深信学子，永不言败！军训梦，中国梦！

（指导老师/李志国）

我，整装待发

机电工程学院　陈鹏昆

　　11 月 8 日，我开启了我的大学军训之旅，整理行装，着上军装，离开了熟悉的校园，心中不由得生出一丝不舍。短短的车程，我们就抵达了带着几分神秘的军训基地，开始了为期十三天的封闭式军训生活。中学曾经参加过军训，所以我对此次军训毫无畏惧，更多的是以一种旁观者的心态参与其中，当然这样说，并不是说我在偷懒，而是我以一种很平静的心态来面对这一切，用心去感悟和观察最后一次军训，去思考这次军训给我带来的价值和意义。

　　严格的训练、严厉的教官、严明的纪律、严肃的气氛，形成了紧张有序的生活节奏。其实军训对我们最大的挑战，不是频繁艰苦的训练，不是漫天飞舞的训斥，而是面对校园生活和军训生活之间的巨大落差，从学校的豪华四人宿舍到军训基地的五十人间，在这里我们没有受到过多的关爱，有的只是更多的磨炼；没有了舒服的环境，有的只是更严格的行为举止要求。这种落差犹如坐跳楼机，从最高点直接跌落到最低点，是那样的惊心动魄。我们怎样调整心态去面对，考验着我们每一个人。

　　穿着威武庄严的军装，踢着整齐划一的正步，站如松般的军姿以及无数次发自内心的呐喊，在烈日炎炎下我们挥洒过汗水，我们承受过训斥，但我们从未畏惧过。每一滴汗水都是青春的历练、成长的印迹，书写着我们辉煌的过去。我相信，当我踏出基地大门，那时候的我和刚进来的我已经不一样，因为汗水已经塑造出一个更优秀的自己，我完成了一次生命的蜕变。

　　时光飞逝，光阴荏苒。时光在我指间悄无声息地溜走，十三天的军训生活接近尾声。在军训基地，虽然没有太多的不适，却有某些瞬间能触动心灵，让一向不念家的我有想家的感觉，想起世界上对我最好的人——我的父母，他们为我付出的点点滴滴，他们的爱渗透在我整个生命进程中，而我从未感

恩，没有一句关心，没有一丝关怀，没有真真切切地表达我对他们的爱意。此刻，内心有无尽的愧疚，想再一次拥抱他们，沉醉在他们的温暖中。

我们就像一辆火车穿越漆黑压抑的绵长隧道，在寂静的黑暗中蓦然地苏醒，那一刻，是重生！穿越了十三天的磨炼，我们终于迎来胜利的曙光，站在主席台前，完成了一次精彩的阅兵。我们用行动告诉别人，我们面对困难从未退缩，面对打击从未沮丧，我们是一群睡得了席梦思也睡得了硬床板，享受得了休闲自在的生活，也克服得了艰辛苦难生活的人。

（指导老师／郭凯迪）

我的军训，我的梦

机电工程学院　温许杰

军训，最初在我心里就是纪律的代名词。它是每一位当代大学生都要经历的一个过程。或许你会在这意气风发，也或许会颓废丧气。但是只要我们在军训中努力实训，努力地去战胜与克服自己的不良情绪和坏习惯，我们就能蜕变成更好的自己。

我的军训始于和我们的教官见面过后。他对于我们来说是陌生的，不过他给我的印象很深。坚毅的眼眸，高阔的额头，高挺的鼻梁，黝黑的肤色，还有和悦的笑颜。我从他的笑颜便可看出他那活泼开朗而不似表面那般严肃的内心！接下来的日子便是由他带领我们一遍又一遍地开展训练，一次又一次地在军训基地里发光发热！

"准备，原地摆臂练习！"重复的口令、发自内心的嘶吼，表达了我们不畏困难的心声；一致相同的整齐步伐展示了我们不偏不倚的集体凝聚力；俯卧撑的"一二、一二"连续汗水滴落，坚定了我们不磨灭的坚持精神！高强度的训练一遍又一遍地重复，让人身心疲惫，让人产生不可褪去的伤疤。但是，这一切，我觉得都是值得的！与身边的同学手握手，肩并肩，一步一个脚印共同踏出每一天不同的每一步，那一份共同携手的真挚每一刻都充盈着我们的身心，让我们更加努力去战胜更多的不可能，这不就是我们团结的一种体现吗？在这里我们收获了团结的欣喜！

当然，在基地里面还开设了很多教育课程。这些课程都详细且多方位地教会我们很多基础但有用的知识，比如如何调整适应从高中到大学的学习方法、一些高危险疾病的小知识及预防方法、心肺复苏动作与自救、当前国家军事政治的信息等等，每一次的讲座都生动活泼，讲座的老师幽默风趣，每一刻都吸引着我们的注意力，生怕错过了某一个细节。同学们个个兴致勃勃，

全神贯注。老师们用心地教学和实演，我们认真地接纳与吸收来化为己用。真的很感谢老师们在百忙之中抽空让我们学习且掌握那么多新知识。谢谢老师们，我们是不会辜负你们的辛劳汗水的！

在军训期间，除了我们体格的强壮、知识的拓展外，我们精神层面的认知也得到了更高的升华！军训虽然训练的是我们个人，但正值青春年华的我们何尝不是祖国的后备军和生力军呢？少年强则国强！我们在军训中学习，在学习中也同样得到了训练，逐渐变得更好！我们无时无刻不在为我们的梦想加倍地努力着。这梦便是我们心中的中国梦！

梦想很美满，但现实很骨感！我们的强国梦、强军梦和自己的理想梦是需要我们进行不懈的奋斗追求去实现的！不自满，不懈怠，再接再厉，一往无前，努力为中国撑起一片更湛蓝的天空，成为中国未来挺直的脊骨，为中国的伟大复兴而奋斗！

我的军训，我的梦！路漫漫其修远兮，吾将上下而求索！加油！

（指导老师/陈源波）

我军训，我快乐

机电工程学院　曾秀丽

十一月，阳光伴着几缕清风，清爽温和。

一群身着迷彩服、充满朝气的身影出现在军训基地，有人把身着迷彩服军训的我们比作"忍者神龟"，因为我们具有超强的忍耐力！然而时间飞逝，犹如白驹过隙，为期十三天的军训生活已结束，仿若初到基地却又马上离开。我真的喜欢军训这样简单而又充实的生活。

军训刚开始时，我感觉很不习惯，但是后来，我却由衷地喜欢上了这样的大集体生活。训练累了，回到宿舍感觉就像回到了一个温馨的大家庭，疲劳瞬间消散，这是集体带来的温暖。那一张张陌生又可爱的面孔让我在短暂的军训日子里喜悦重重。这次经历，让我对"包容"与"谦让"这两个词语有了更深刻的理解。人无完人，在一个大集体中，我们不可能完全按照别人所要求的那样去生活，却可以少些抱怨，多些宽容与理解，这又何尝不是中华民族的一大传统美德呢？传承这样的优良品质是当代年轻人不可推卸的责任。

习惯了集体生活，就要有集体意识。在一个团队中，每个人都做好自己、互相监督、团结合作、共同进步，这种感觉真棒！当发生了某些令人不愉快的事情时，首先我们要做的不是去追究谁的错，而是自我反省，这都是军训带给我们的无形收获。这些收获，大多来自教官的教导。都说当兵的人最可爱，在这次军训中，我终于体会到了这句话的内涵。他们敬业，他们坚持，他们是当今学子的榜样，是我们的骄傲！

当一个人觉得痛苦的时候，他就离成功不远了。在军训过程中，我也曾想过放弃，庆幸的是我没有。有些时候，我们会感到痛苦，但是也许再坚持一下，结果便会截然不同。本次军训让我有了一次体验军人生活的机会，尽

管这其中还有一定的差距，但至少让我不再陌生，也不禁对军人心生崇敬、对祖国的强大感慨万分。

在我们休闲娱乐、享受生活之时，却总有那么一群人，他们时刻坚守岗位，不断训练，不忘职责，默默奉献，他们就是军人，是国家的安全卫士，是我们和平幸福的依靠。身为祖国未来接班人的我们怎能安然地坐享其成？我们应该向这些可爱的人学习，为强国而时刻努力着。

军训让我们有了强健的体魄、坚定的意志、真诚的爱国心，更壮大了我们内心建设祖国的雄心壮志。军训过程中，我们受到了身体与心灵的双重磨炼，现在的我们更加坚强！

军纪如铁，意志如钢。只有钢铁般的纪律，才有钢铁般的意志、钢铁般的队伍、钢铁般的国家。少年强则国强，少年的梦，是中国梦，这个梦需要我们去实现。

（指导老师/王建华）

军训回忆

软件学院　陈　渝

十一月，天气并不冷，犹如夏天一般。

也就是在这个和夏天一样的十一月，我们怀着忐忑不安的心情迎来了军训。有人说，军训如同魔鬼般折磨人。也有人说，军训是可以锻炼人的。然而，在我看来，军训是我们人生中的一个转折点。

坚　持

我们怀着好奇心开始了军训之旅，在大巴上，我便开始幻想我的教官是一个怎样的人。下车后，我开始好奇地打量四周的一切，极力寻找我们教官的身影，我很期待我们的教官会是一个幽默、可爱的好人。

刚开始的两三天，教官传授给我们正确、标准的"站军姿"之后，我们便开始了每天必须站军姿的痛苦生涯。"当听到立正的口令时，两脚跟并拢，两脚尖向外分开60°，两腿挺直，小腹微收……"每当听到教官下达这个命令的时候，便是我们开始站军姿的痛苦时候，同时，我们的脸上都会露出"痛苦"的表情。因为，站军姿是一种"体力活"。烈日当空，我们站在大太阳底下，穿着清一色的迷彩服，一动不动地站军姿。烈日下，我们已经汗流浃背，站久了似乎已经摇摇欲坠，仿佛风一吹我们就会倒下一样。

然而，教官并不打算放过我们。我们从一开始就期待教官下达"放松一下"的口令，可是时间一分一秒地过去，教官却并不想开口。我们在心里默默地"诅咒"教官。出人意料的是，教官一直在旁边说着鼓励的话，鼓励我们坚持下去，多坚持一秒就是一分胜利，这是一种锻炼。

从站军姿中，我们学会了坚持。遇到一件事，只要多坚持一秒，就向成功靠近了一步。

团结，尽心、尽力

在刚开始的日子里，我们觉得教官很严格，也很难相处。我们稍有一个动作做错，就会接受一份来自教官的"大奖"。停止间转法、踏步走、齐步走与正步走等的训练是融合整体的训练，我们必须做到整齐划一。我们时常分列训练，整个班级有时也一起训练。我们不停地训练，只为能够把35个声音融合成一个声音，真正做到整齐划一。正是这样，我们在训练中学会了默契，学会了团结。我们要证明，这些都是小菜一碟，我们都可以做到，我们都是最棒的，我们是独一无二的！

每天的训练、太阳的炙烤、烦躁的心情，让我们只想快点结束训练，能够早点休息，然而，这却导致我们的训练不能达到教官的标准，从而招来了一遍又一遍没有成效的练习，事倍功半。每每这样，教官都会问我们是否尽心了，是否尽力了。每次听了这句话之后，我们的训练出奇地有效率了，能够达到教官的标准了。因此，每当我们做得不够好的时候，我们都会默默地问自己，我们是不是已经尽心了，是不是已经尽力了。如果没有，那么在下一次努力时，我们便会更加尽心、更加尽力地去做，以期做到最好。

效　率

在军训期间，我们的睡眠严重不足。每天早上，我们五点多就起床，只为了在人多的情况下洗漱完毕，然后整理着装，等待集合。然而晚上又要训练到九点多，十点半就要熄灯睡觉，一个多小时的时间，仅有的两个卫生间，怎么够一整层楼的人甚至有时还要加上一部分其他楼层的人洗完澡呢？因此，有一部分人是在十点半等教官离开之后去冲凉，那样就可能要到十一点甚至十二点才能睡觉。除此之外，我们每天还要写一篇500字的军训心得。正是在这样的情况下，在军训这些天，不仅我们洗澡的动作快了，用的时间缩短了，而且在各方面的速度也有所提升了。我们很开心，我们有效率了。每个人都想快点完成自己手上的任务，能够有时间去做其他的事情。

军训还可以锻炼人适应新环境的能力。我们从原本学校的"安逸生活"，转变成军训的"炼狱生活"，真是天差地别。有些人可能无法转变，但这可以锻炼我们适应生活的能力，让我们学会如何很自然地去适应一个新的环境，而不会因为不适应发生一些不愉快的事。

不　舍

回学校的那天，我是哭得最厉害的。我一直都在哭，特别是在看到教官的时候，眼泪根本就止不住。与教官相处十几天，说真的，有感情，有不舍，但更多的是感激。谢谢他在这十几天对我们的照顾，也谢谢他在这十几天教给我们那么多东西，不仅有训练方面的，也有人生方面的。

军训是我们人生中的一个转折点，不仅改变了我们某些"不可爱"的行为，还加给我们一些我们原本没有的东西，比如坚持、默契……我相信，凡是经历过军训的同学，肯定会有一个大转变。

（指导老师/宋晓清）

迷彩青春，放飞梦想

软件学院　陈楷庭

随着几十辆校车的启动声响起，2015 年第二批新生为期十三天的军训正式落下了帷幕。尽管我们如今已重返校园继续我们忙碌的生活，但军训时的点点滴滴仍然历历在目，整齐嘹亮的口号声依旧在耳边环绕……

还记得到达国防基地的第一天，一抹军绿色成了一道亮丽的风景线，每位同学的脸上都洋溢着青春活力，热情昂扬，那微微上扬的嘴角仿佛在宣告着他们已经做好了迎接这十几天充满未知的军训生活，以当代大学生应有的姿态接受阳光洗礼的准备。

然而，第一天轻松的训练俨然是暴风雨的前夕。第二天傍晚，一场大雨中断了我们的训练，许多同学都在窃喜老天爷给了我们一个休息的机会。晚饭时间到了，天空却是那么的放荡不羁，仍然尽情地倾泻着雨水。总教官告诉我们，晚上 7 点时如果雨停的话就到训练场集合。于是，由于部分同学集合时过于拖拉，便有了我们那天晚上的紧急集合和 100 个深蹲的"奖励"——在军营中，没有惩罚，只有"奖励"，上级对你进行的一切体能训练都是给你的第二次机会！合理的军训叫训练，不合理的军训叫磨炼！

那天晚上，其实我们班包括我在内的许多女生的头发都是湿的，但是我们还是戴着军帽认真地完成了当晚的训练而没有一句怨言。因为我们知道，来到了军营，我们就应该像一名军人一样，有着风一般的行动，遵守着铁一般的纪律，对于上级的命令，你的回答只有"是"和"到"，你能做的只有绝对服从，任何理由都是你为掩饰错误而找的借口。

军训，在参加过或没参加过的人看来都意味着脏、苦、累，但相信对于参加过大学军训的人来说，他们的感受肯定不只如此。而这种感觉也如同在品尝一杯苦咖啡般，只可意会而不可言传，其中的奥秘也唯有自己心里才清楚。

训练场上，无数次重复的口令曾使得我们喉咙沙哑，无数次动作的纠正曾使教官眉头紧锁，无数次动作的坚持曾使我们汗流浃背。但是，正是由于这看似单调的反复练习，才造就了军训最后一天结营仪式上那一支支整齐的队伍。看！那矫健的步伐，响彻整个训练场的口号声以及主席台上领导竖起的大拇指，使我们充满了自豪感与荣誉感，不由得为这十几天来咬牙坚持的每位同学、教官、辅导员以及幕后工作人员点赞！

古人云："故天将降大任于斯人也，必先苦其心志，劳其筋骨，饿其体肤，空乏其身，行拂乱其所为，所以动心忍性，曾益其所不能。"军训虽苦，却教会了我们珍惜当下的幸福生活；军训虽累，却让我们一次次地超越了自己的极限。军训中我们哭过、痛过、笑过，尝遍了酸甜苦辣。军训，教会了我们苦中作乐；军训，使"团结就是力量"这句话得到了完美的演绎；也是军训，让我们相信，大雨过后会有满天繁星，军训过后的我们也会有绚烂精彩的明天。

军训如梦般匆匆跑进我的生活，又在我还未细细体味时便悄然离去，以往的度日如年如今竟是弹指一挥间，曾经的挥汗如雨竟变成现在最充实的回忆，那时严厉苛刻的教官在生活中竟是如此和蔼可亲。然而，这一切已经成了过去，只剩下残留在身体中的些许酸痛和那黝黑的皮肤还在隐隐地告诉我：少一点娇气，多一份坚强，少一点依赖，多一份自强。军训虽已走出了我的生命，却留给我很多东西。

军训过后，也许我会想起那时我们站过的军姿、踢过的正步、喊过的口号，记住曾经坚持过的自己，在以后的生活中披荆斩棘，勇往直前，从中培养吃苦耐劳的精神。

（指导老师／宋晓清）

军训·洗礼

软件学院　龚天宇

进大学，就意味着必须接受军训的考验。对我们这些一直生活在父母羽翼下的人来说，这无疑是一种自我挑战。在这短短的军训期间，做到互帮互助，团结一致，我们要从原本懒懒散散的暑假生活中脱离出来，参加严格训练，接受阳光的洗礼，面对种种的考验。

指导我们训练的教官和我们一样大，他身材不高，但在他那稚气未脱的脸上，却写满了严肃和认真。他还很爱笑，而且笑的时候原本就不大的眼睛会眯成一条线，他的睫毛很翘。但是，教官在军训的时候对我们的要求还是很高的。只要大家不努力，他就会批评我们；只要大家动作不规范，他就会一而再、再而三地示范给我们看。这是我第一次与军人接触。

军训一开始，同学们个个神采飞扬，对军训充满了好奇。可是到了第二天、第三天、第四天，问题来了。有的同学开始发牢骚，抱怨声便随之迭起，一些同学向教官提出意见，有的甚至想逃避训练。这些都体现了我们平时的生活太顺畅，几乎是衣来伸手，饭来张口，缺少了那种同龄人应有的能力。这正是我们必须提高的自身素质。而我们的教官却因为我们自由散漫的各种坏习惯，经常受到惩罚。军训的最后一天，教官因为我们，被罚连续五次正面卧倒在水泥地上，整条手臂都肿了，还流血了。那一刻，几乎所有的同学都哭了。但是哭有什么用？我们与其总是在受罚之后跟教官说对不起，为什么不一开始就做好自己呢？

一直抱着在军训中"混日子"心态的我，直到今天才认识到严谨的时间意识和坚忍不拔的意志。哪怕是一个最简单的动作，在训练场上，我们无数次地重复着，用自己的心去真真切切地体会军人的英伟。军姿的纹丝不动、跨步的整齐有力，使我们真正体会到军人的一丝不苟。

军训快要结束，看着晒黑的脖子、脸和手臂，就能记忆起烈日下的汗水。但是汗水不能淹没我所有的记忆，因为有更多的东西充实着我。记得军训刚开始的时候，似乎是那样的无声无息，它没有留下太多的时间让我做好心理准备去应付它。就这样的几天里，一点一滴的收获渐渐地烙在我的记忆深处。

军训的内容或许是单调的。每天都做着一样的动作，心中抱怨着自己的汗水白流了好几斤。在教官的标准指导下，慢慢地发现自己和同学平时的习惯如此的别扭。纠正错误永远是困难的，炙热的太阳似乎为了惩罚我们这群有坏习惯的孩子，燃烧了自己每一寸的肌肤。不过努力的力量是巨大的，错误也不会永恒不灭。虽然离教官的要求还有差距，但进步欣喜地摆在了每个人的眼前。

军训也不总是枯燥的，每天的拉歌就是单调军训中的调节剂。在拉歌中听到的除了"原始的吼声"，那就是欢笑声。每一丝的欢笑声都能将要崩溃的身体唤醒。我们抱着娱乐第一的心态，度过最轻松的十几分钟。

军训不仅仅是对行为的操练，更是对精神和思想的磨炼。迎着刺眼的阳光，每天就这样开始了。一天下来的疲惫让我发觉在凉爽的空调间外头还有另一种生活，让我发觉平时充满责备声的家是多么的温馨，让我发觉其实自己还很稚嫩。汗水的浸泡需要忍耐，烈日的烘烤需要忍耐，时有时无的饥饿也需要忍耐，似乎一切都要不停地忍。就在这不知不觉的强忍中，潜藏的坚强意志逐步被挖掘了出来。到了最后几天，几乎每个人都能以微笑的脸庞来结束当天的训练。

军训中我们要感谢的人有很多。我们要感谢教官，我们流汗，教官比我们流更多的汗；我们辛苦，教官比我们更加辛苦。是他们让我们看到了一个军人真正的样子，我能清晰地记得教官在我们耳边的口令声。最后一天，或许是时间的仓促，我们没能和教官们说一声再见。在这里我要让风替我们传达我们的感谢，我相信感谢声会像蒲公英一样飞到他们身边。

大学的第一堂课——军训，就快要结束了。回想起这些日子，我感慨良多。"宝剑锋从磨砺出，梅花香自苦寒来"是军训的体会。"千磨万击还坚劲，任尔东西南北风"是军训的结果。军训的感悟是需要用心去体会的，它教会了我们对别人的关爱，它加深了我们对保卫祖国的责任的理解，它告诉了我

们面对困难时应有的态度。我们不再是娇滴滴的孩子，不再是好哭的小姑娘，我知道面对高峰，我们须自己去搭造阶梯；遇到山崖，我们要自己去联结绳索。我们的命运在自己的手中，只是看能否去把握！

"水滴石穿，绳锯木断"，微小的力量一旦积攒起来，产生的威力可是无穷的呀！当别人享受锲而不舍的喜悦时，你千万不要成为功亏一篑的典型。谁笑到最后，谁就是最终的胜利者；谁坚持到最后，谁就是真正的英雄，谁就是战胜了自我的强者。

（软件学院／梁海琴）

铸就强军魂，托举中国梦

数字媒体学院　杨婉娜

古有孟子"志不强者智不达"之说，而今我有"铸就强军魂，托举中国梦"的理想。列夫·托尔斯泰说过，理想是指明灯，没有理想，就没有坚定的方向。而没有方向就没有生活。

有志之人定有梦，有梦之人须行动，行动之人方成才。个人是这样，国家更是如此。历史的长河把我们送到了日新月异的当代中国，在科学技术高度发达的新中国，我们拥有一个共同的梦，这个梦便是中国梦，也是我们即将为之奋斗而实现的梦。现在我们身上肩负着历史的重任，作为当代大学生，我们该如何行动，如何实现我们的梦？

想必大家都听过"少年强则国强"这句话，那大家是否想过话中的"强"为何义？在我看来，国家的强大与否是由硬实力和软实力决定的。只有硬实力和软实力都足够强硬，国家才能无懈可击，坚不可摧。钓鱼岛事件的纷纷扰扰虽然已经暂时告一段落，但是事件本身应该带给国人的警惕和深思是永远不该停止的。鸦片战争和《南京条约》、中日甲午战争和《马关条约》、八国联军侵华战争和《辛丑条约》，这一个个血的教训告诉我们：不管是过去还是当今，落后就要挨打，国家只有拥有强大的国防实力才能走在时代的前沿。我们要保卫我们的祖国，我们要捍卫我们的领土，我们要铸就强军魂，托举中国梦。

纵观历史长河，不仅有大禹治水三过家门而不入，有屈原以死报国，更有岳飞精忠报国无怨无悔。国要强，我们就要有担当，年青一代的中国青年该如何行动起来铸就强军魂，托举中国梦呢？我认为"必先苦其心志，劳其筋骨，饿其体肤，空乏其身，行拂乱其所为"。十三天的军训生活就是最好的锻炼。军营的生活虽苦犹乐，因为我们收获着，因为我们成长着，因为我们

距离中国梦又更近了一步，但这仅仅是我们迈出的一小步，我们必须把强军魂铸在心里，带出军营，带回学校，带到我们的生活中。因为只有铸起强军魂，才能实现中国梦。

崔立平教授说过这样一句话："你所站立的地方，正是你的中国。你怎么样，中国便怎么样。你是什么，中国便是什么。你有光明，中国便不黑暗。"让我们为强军魂呐喊，为中国梦欢呼，在为期十三天的军训生活笑傲军营，共铸强军魂，共举中国梦。

（指导老师/谢红梅）

点燃青春梦，铸就军中魂

数字媒体学院　温薪琳

历史的车轮带着岁月的痕迹碾过脚下的黑土，青春的旗帜伴着先辈的血汗迎风飘扬。十年磨一剑，今朝更辉煌，新一代年轻的我们，更应该在军训中，凭借信心、决心、恒心去点燃青春之梦，铸就军中之魂，向中国梦一步步迈进。

习近平总书记指出，实现中华民族的伟大复兴，就是中华民族近代以来最伟大的梦想。而作为一名大学生，正是这青春飞扬的时期，在国防基地中更加能感受到这种血气方刚，这种作为中国人所应该有的一种强烈的责任感，这让我浑身充满了无穷的力量。

"少年强则国强"正是这最好的诠释，为我国逐渐强大而付出努力的我们，在军中铸就强大的军魂，在心中成就中国梦。苍茫坤舆，邈远天昊，或许你我仅仅只是世间微小的一粒尘，但请不要为之丧气。因为正是我们的渺小集合而成的庞大，才让中国能更加强大，或许那一刻你更能感受到那种强烈的自豪感，所以从此刻开始，让你的青春张扬起来。

苏格拉底曾说："每个人身上都藏着世界的秘密。"在此刻请我的战友们扪心自问，我的青春是什么？我的中国梦是什么？或许我们并不敢说出来，但我希望我们能为之行动起来，勇往直前，只有拼搏，只有奋斗，只有胸怀梦想，带着军人般的意志，就算跌倒也要立刻爬起，就算受伤也绝不停息，让我们的力量变得强大，让中国梦逐步实现。

历史的接力棒已经交到我们手中，我们要时刻牢记：勿忘昨天的苦难与辉煌，无愧今天的责任与使命，不负明天的梦想与追求。

少年，站起来吧，让我们点燃青春之梦，让我们铸就军中之魂，让我们共筑中国梦！

（指导老师/谢红梅）

中国梦在我心中

商务管理学院　黄碧云

　　梦想，就像沙漠中的一滴水，给予人希望；梦想，就像旅途中的一面旗，指引人方向；梦想，就像迷茫时的一盏灯，点亮人心。梦想虽遥不可及，却会给予我们巨大的能量去寻找光明。我们每个人都应该有一个中国梦，去挖掘自己的未来，而我的中国梦首先就是铸造军人的意志。

　　经过这短短十三天的军训，我萌发出了我的梦想。十三天，有的人会认为是漫长又痛苦的十三天，也有人认为是充实又短暂的十三天。刚开始接受军训时，怀着憧憬和期盼的心情去训练，告诉自己一切都很好，为自己自豪。但每天早上五点半起床，从六点半训练到十一点半。烈日当空，热气逼人，挺胸收腹，我们在站军姿；汗流下来了，痒痒的，我们不能擦；喉咙干了，火在心中燃烧，很难受却不能喝水；脚麻了，却不能说苦。这让我明白坚持才是条好汉，不能屈服。教官那严肃的表情显示出他认真又坚毅的态度，让我意识到不管什么事情都要严肃认真，一丝不苟；教官那洪亮的声音总会惊醒睡眼惺忪的我，让我意识到不应懒散，要摆正姿态；教官那耐心指导和分析我们出错原因的样子，让我意识到我要有大度的心，不要太计较，要学会换位思考，别太自以为是。过程本是艰辛的，但结局是美好的，我收获了好多。军训俨然把我们训练成预备军人，矫健的身姿，挺拔而有气魄；腰板直立，走路也有"范儿"；声音铿锵有力，不嚅嚅喏喏。是军训改造了我，让我立志当一名军人，因为军训如铁，意志如钢，我也会提高警惕，保卫祖国，为国家添上另一道华丽的风景线。

　　军训磨平了我们的棱角，磨炼了我们的意志，磨碎了我们的懒散，军训带给我们很多知识。在军训中，有痛有乐，有说有笑，有苦有欢。唱军歌，学军体拳，我们积极踊跃，展现青春活力，不显枯燥乏味。每天下午老师传授课外知识，令我们开阔视野，增长见识，防患未然，保护自我，让我们更好地成长起来。军训将每个学员都镌刻出军人的模样，让我严守纪律，要规范自我，有骨有气，切莫鲁莽行事。有句话说："军训一阵子，受益一辈子。"虽然军训就这样无声无息地结束了，但让我在生活上，不能做个娇娇滴滴的公主，要独立自主，不管遇到什么事情，要临危不惧，严格要求自己，勇于拼搏，莫当缩头乌龟，要适应环境，别让环境适应你。

在这些天，我激励自己要当个像样的军人，将来为国家贡献自己薄弱的力量，做个好苗子。虽然我的梦有些大，但因为军训给予了我动力，所以我相信，世界上没有什么不可能的事情，只有坚持下去，才有一线希望。我要敢于去尝试，青春年华，我要一步一步去实现我的中国梦！中国梦在我的心中，早已埋下了一粒希望的种子，不管今后有多困难，我都要坚持下去，坚持就是胜利，我会牢记我的中国梦，用实际行动去证明！

（指导老师/马　健）

军训的酸甜苦辣

软件学院　黄婵娟

转眼间，为期十三天的军训之旅在我们指缝间溜走。有句话说得好："快乐的时光总是过得很快。"还没好好认识小伙伴，还没好好熟识教官，还没好好享受军营中充实的日子，军训就结束了。军训留给我们的是酸、甜、苦、辣和我们永恒的记忆。

军训之甜是有福同享，有难同当。

"因为你们是一个团队，所以要有福同享，有难同当。"教官从第一天就告诫我们。说起甜，让我想起一幕幕难忘的画面。吃饭前，以一个班为单位大声唱《团结就是力量》，人都是好胜的，为了超越其他班级的歌声，每个人都团结一致，声嘶力竭地吼着，声音越大，心里越觉得荣幸。歌声穿过我的耳膜，打穿我的毛孔，让我振奋不已。正因为我们是个团队，一起享受着美好的时光。站军姿时，旁边的同学一不注意，摸了摸额头，刚好被教官逮到。"全部人20个深蹲！开始！"我拍拍她的肩膀说："没事，教官不针对任何人，我们是一个团队。"在我们做深蹲的同时，教官又提醒我们说："军营里的生活就是如此，有福同享，有难同当，不搞针对，不搞特殊。"尽管我们因为一个人的错而受罚，但是我们都不埋怨，心中还是甜的，正因为我们是一个团队，有难同当。

军训之酸是付出行动而伴随着的身体之酸。

站军姿、蹲下、起立、正步走、齐步走、向左转、向后转、向右转……已是我们每天的必修课，每个动作必须用心、用力去完成。"我希望你们在人生中的最后一次军训，不要虚度，不要遗憾，一件事可以一次做好，就不要依赖第二次机会，人生没有彩排，每天都是现场直播。"短短的几句话，狠狠地敲在我心头。我低下头，为自己之前的行为深感内疚，决定痛改前非。难于避免的是身体上的酸痛。但当预期的结果出现时，比起心中的成就感，小小的肌肉之酸又算什么呢？

军训之苦是吃得苦中苦，方为人上人。

我对于军人的印象，大概都是军衣、军裤、军帽，天气再冷点就披件军大衣，一年中的大部分时间，都穿着军装，可想而知，军人是如此质朴单调。正所谓："民以食为天。"不敢相信我竟然在每天的饭菜都一样的情况下坚持吃了半个月。然而那些军人呢？可想而知。住的地方是30人的房间，双层铁架床，没有空调，没有厚厚的床垫，没有独立的卫生间，没有独立浴室……但我坚信，坚持就是胜利！正所谓："吃得苦中苦，方为人上人。"

军训之辣是心中的热情和太阳公公的火辣。

伴随着火辣的太阳，我们迎来了结营仪式。"升国旗，奏国歌，向国旗致敬！"迎着初升的太阳，微微仰起头，两眼目视国旗。我的内心在澎湃，很荣幸我是个中国人，我是中国未来的栋梁，国家会越来越强。"向后转！"两千多人整齐的靠脚声再一次振奋了我。心中的热情越发火辣。令我最振奋的莫过于阅兵式了，一个班为一个方队，在主席台前，踏着整齐的步伐，喊着洪亮的口号，徐徐而来。我激动地落泪了。让我仿佛感受到了中国强大力量的源头。少年强则国强。军训虽短，但我会带着心中的热情，积极向上。

军训让我明白团队精神；军训让我懂得人生没有彩排；军训让我知道"吃得苦中苦，方为人上人"；军训让我收获人生中永久的财富。

（指导老师/陈亚敏）

军训的苦与甜

软件学院　刘容芳

十三天的军旅生活转眼即逝，而军训的酸甜苦辣却恍如昨日，历历在目。谁会想到，我们所避之不及的军训到最后竟成为我们大学珍贵记忆的一部分，让我拥有了受益终生的体验，就像一杯没有加糖的咖啡，在与舌尖接触的刹那，整个神经末梢都是苦的，但只要把它喝下去，留下的是满口的芳香。它是锻炼我们意志、品质不可多得的机会，也是培养我们自理能力的良好契机。

还记得第一天，我们每个人都拉着沉甸甸的行李上了车，一路上每个人都很安静。但每个人心里却都是复杂的，或是期待，或是忐忑，或是恐惧……而无论怎样，我们都要用顽强的意志，用敢于吃苦、敢于拼搏、"流血流汗不流泪，掉皮掉肉不掉队"的精神，踏上这段旅程。

初到基地的我们开始排斥、抱怨、不安，对于基地的环境我们无法适应。但几天过后，这种排斥感开始渐渐淡化，因为我们学会了适应。当我们融入一个不熟悉的环境时，起初我们总会抱怨，但这种无谓的抱怨，只会使自己更加不适应周围的环境。而当周围环境并非一己之力所能改变时，那么此时就应调整心态，选择适应，明白"适者生存"。

古人云："天将降大任于斯人也，必先苦其心志，劳其筋骨，饿其体肤。"军训的日子，是苦的。然而，莲子虽苦，却可养心；日子虽苦，却也让我们懂得了珍惜的道理，珍惜自己所拥有的，珍惜现在的幸福生活。"宝剑锋从磨砺出，梅花香自苦寒来"，我们顶住了骄阳，我们洒下无数汗水，我们的站姿挺拔，我们的步伐一致，我们的声音洪亮，我们在魔鬼般的训练下一步步成长，我们告别了昨日柔弱的自己，我们成就了今日坚强的自己！常言道："军令如山，军纪如铁。"军中纪律之严，也曾让我们有过抱怨和不满，但"严师出高徒"，军训虽严，我们却从中学会了时刻严格要求自己，而只有时刻严格要求自己，我们才能够不断突破极限，实现自我的飞跃。

十三天里，我们在基地接受了魔鬼般的军训。5 点起床，将军被叠成方正的豆腐块，每天一小时的军姿训练、六个小时的正步练习都让我们在一开始非常不适应。尤其是站军姿，是让我最痛苦的，也是让我收获最大的。因为我每天都会利用站军姿的时间去思考和感悟许多的东西，所以每次站军姿很痛苦的时候，我都可以坚持下来。而在骄阳下训练场上挥洒的一滴滴汗水，我们也不会让它白白流淌，我们会让它成为我们心中的烙印，深深地镌刻在那强军梦中。

说完了军训有多苦，就要来说说军训有多甜。晚上我们放松紧绷了一天的神经，和教官一起谈天说地，和同学们分享内心的感想，和其他班的同学一起拉歌，嘹亮的歌声响彻整个训练场，宛如一场巨大的演唱会。虽然我们班只学了一首《当那天真的来临》，但里面有句歌词写得好："这个世界并不安宁，和平的年代也有激荡的风云。"正因为人们经常认为这个世界很太平，祖国不需要自己去保卫，所以人们越来越自私，强国梦似乎与自己毫无关系。假设那天真的来临，我们真的准备好了吗？

也许现在的我们翅膀还不够坚硬，但只要我们以不怕苦、不怕累的精神去灌溉我们的梦想，不屈不挠，自强不息，中国将在我们新一代的努力下会有更美好的明天。我坚信，总有一天，我们的翅膀会有足够的力量去翱翔蓝天，令全世界瞩目！

（指导老师/陈亚敏）

收藏昨天

财经学院　麦梓歆

　　追随着梦的脚步，我们在不经意间迎来了大学生活也许是人生中的最后一次军训，忐忑与些许焦躁刚好诠释了我当时的心情。但我不断对自己说，一定要珍惜这次的军训，为的是去创造更多的美好回忆，因为记忆是一辈子的……

　　刺眼的阳光下，军营生活开始了。

　　拖着一堆行李到达军营，给我当头一棒的情况是要在几十个人一间的宿舍里生活，这与我的期待完全背道而驰，也许这就是艰苦的开始。可是现在回过头想想，也因为这让我无奈的生活条件才让我最后结交了很多新的伙伴，让我的人生"收藏"又丰富了些……

　　在人的一生所品尝的诸多滋味中，"苦"大概是最复杂而内涵最丰富的。苦中的滋味要慢慢咀嚼才能品出真味道。军训生活带给我的其实是最健康的作息时间，每天晚上十点二十分熄灯，早上五六点起床，早早地做完简单的运动就吃早饭。我相信不只是我，大多数人在军训以外的作息时间都是比较混乱的。每天早晨迎着朝阳站军姿半小时，十几天如此，但是即便这样，我们也宁愿站着而不是罚蹲姿。大家都说，军训前几天是适应期加上疲惫期，我们有时因些许的放松懒散被惩罚是常有的，也就是在每一次的惩罚中体会到了军训的苦辣。

　　教官常挂在嘴边的一句话就是"生活过得太安逸是要出事的"。刚开始，我对这话一点儿也不理解，还觉得教官太苛刻了，如今回头想想，的确如此。人的一生如果常处在安逸的环境里，那么，一旦碰到小挫折必定会倒下，人生就要在不断的磨炼中成长，在不断磨炼中体会成功的滋味。军鞋也慢慢被我磨开胶了，每天晚上一遍又一遍地练习齐步走、正步走，口号也已经听了上百次。教官精益求精，光是分解动作就来回练习了几个小时。其实晚上相对于白天已经好很多了。不得不说让我印象深刻的是下午的烈日毫不吝啬地照在我们身上，汗水浸湿了军服，在训练场上踏着重重的步伐喊着响亮的口号，一遍又一遍，其中的辛苦不言而喻……

与同学们一起睡大通铺，抢热水，一起围桌吃饭，这些日子都很珍贵。

比较落后的军训条件并没有让我们感到困难，反而增添了许多乐趣。每天晚上的洗澡都是一个问题，抢不到热水就只能洗冷水澡，嫌麻烦的我宁愿洗冷水澡，也庆幸当时的天气较炎热。最让我记忆犹新的是在饭堂开饭的情景，我们可爱的 27 号桌天天不吃到最后不罢休，趁教官不注意的时候还能闲聊几句，这成了我们每天最愉快的时光！

在悠闲的午后，一杯热水，打开电脑，把这十几天的回忆灌入我的文字当中。军训也正如教官所说，这只是人生的一个片段，却也在无声息中照亮我们的人生。从磨炼中成长是最大的收获。

感谢老师，感谢教官，感谢我的同学们！

（指导老师/景创杰）

攀　登

软件学院　黎永铭

　　只有经过地狱般的磨炼，才能有征服天堂的力量；只有流过血的手指，才能弹出人世间最美的绝唱。

——泰戈尔

　　大学军训接近结尾，我们的热血也沸腾到顶点。在这最后一天，我们都付出了百分百的努力和汗水。回想当初车厢里洋溢着的我们的感慨，那是一种说不尽的喜悦与惆怅，我们脸上还略带几分稚气，手中拖着沉重的行李，仰望天空，天是那样的蓝，唯有骄阳灼烧，就这样，我们走进了大学军训生活。

　　大学军训并不是我以前所想象的那么单纯、轻松，它像一座深入云中的高山，需要磨炼才能够攀登。

　　军训需要威严。军人之所以跟常人不一样，就是因为他们是威严的化身，总能给人一种威风凛凛、令人畏惧的感觉。每当我们在站军姿时，教官都时不时提醒我们要抬头，挺胸收腹，两肩后缩，双手紧贴……而在踢正步、唱歌时又要求我们拼上命喊出声音，其实这些都是为了让我们突出军人的威严感。如果一个军人没有威严，那么他就只是一只纸老虎，甚至还不如常人。威严是军人重要的形象，以后进入社会，我们也同样需要好的形象，作为军人，威严是不可或缺的一种特点。

　　军训需要坚持。在高中语文课上学过："锲而不舍，金石可镂。"只要坚持，没什么事是做不到、做不好的。在军训讲座中的聂教授所说的"一万小时定律"也恰好印证出坚持的无穷力量。无论是站军姿、踢正步，还是俯卧撑训练等，就算很累很累，每次坚持一点点，再多一点点，那么胜利就在不远处了。十年寒窗的典故也告诉我们，没有多年的坚持努力和刻苦，又如何有甘甜的果实呢！我相信有志者事竟成！

军训需要团结。古人云："三个臭皮匠，赛过诸葛亮。"自古以来，人们就知道团结就是力量，我认为军训就更需要团结了。在军训中最难忘的是一日三餐都离不开"团结就是力量"这句话，还有洗澡也会情不自禁地哼起《团结就是力量》这首歌。"团结就是力量"这句话在军训中总是循环播放，脑海中也总是冒出"团结"这词，那我们还有什么理由不团结呢！不单单军训要团结，在以后的社会工作中亦是如此。

训练场上似乎永远只有嘹亮的口号、整齐的步伐和挥洒的汗水，我们充分感受到了"十年磨一剑"的辛酸。然而我们不会抱怨，更不会放弃。在磨炼中我学到了很多，更懂得了团结、坚持和责任。因为我知道，我们并不是鱼，天生就会在海洋里游荡，也不是鸟，天生就会在蓝天里翱翔。

军训，有过汗水与辛酸，可也有欢笑与快乐，如果没有军训的磨炼，我想我应该没有足够的能力去面对未来、面对社会，更没有意志力去扛起应承担的责任。虽然快要翻过军训这座高山，但我知道这不是解脱，而是不舍……像这种磨炼人生的机会以后就不多了，我会将这份回忆珍藏，因为它是我人生的一笔财富。

（指导老师/陆模兴）

蜕 变

商务管理学院　黄泽勋

十月底的深圳，太阳还是火辣辣的。就是在这样的天气之下，十三天的军训开始了。去之前我以为，军训就是去受教官折磨。但军训后才明白，这种形容不恰当，军训很快乐，也让我获益良多。更让我没想到的是，这次军训对我而言，竟是一场蜕变！

军训，训的是身体素质，训的是思想行为，训的是生活习惯。

而我，蜕变的是身体素质，蜕变的是思想行为，蜕变的是生活习惯。

初到训练基地，炎炎烈日下的训练场，简陋的宿舍洗漱环境，难以下咽的食堂饭菜……一切的一切，总让刚到的我不习惯，但这也是我蜕变的开始。

第一天正式训练，军姿、立正、稍息、跨立、停止间转法等训练陆续开始。站军姿的时候教官总在念叨"脚跟靠拢，脚尖分开60°，上身前倾，两肩后张，中指贴裤缝"。一开始，我觉得不就是站得端正一些嘛，干吗要这么多要求？在这种要求之下，简简单单的站军姿也让我略感吃力，而且在烈日下我能按标准坚持的时间并不长。也是带着这种不理解与吃力，我结束了第一天的训练。第二天，依旧是这些旧东西，不过，我发现相对于第一天的不习惯和吃力，在第二天我渐渐能在烈日下按标准站得更久了。我发现，其实人的能力与潜力很多时候在要求与强制之下才能表现出来；究其原因，都是因为觉得无所谓与放纵。

这次军训我们班被要求学军体拳，这对于我这种肢体不协调的人来讲也是莫大的挑战。就在教官开始教拳之后，我动作记不住，动作不标准，左右腿、左右手混乱等问题接踵而来。筛选的日子步步逼近，看着同学已经练得有模有样，我却很紧张。也是有幸得到同学热心的鼓励和支持，才锻炼了我的毅力，让我学会了坚持。在打拳训练中，我的肢体越来越协调，认认真真一套拳打下来，大汗淋漓，气喘吁吁，不过也是这种锻炼在改变着我的体质。现在回到学校，我无需刻意地增减衣物，也无惧反复无常的气温，通过十三天的军训，我的身体素质开始了蜕变。

在军训中，教官说得最多的就是"人的思想引导人的行为"，回归校园之后，当我上课想打瞌睡时，我能告诫自己不能睡；当我背单词略感厌倦时，我能为自己加油鼓劲，把每天应背的单词背完；当我觉得某个科目枯燥无味不想听课时，我能靠毅力坚持认真听课。对比军训前后，我觉得我的思想与之前有了质的飞跃。

军训生活就是规范化管理，早上六点二十分集合，晚上十点二十分熄灯，吃饭不能说话，洗澡时间只有五分钟……这一切生活的规定与约束一开始总让我感到不自在。我住的宿舍虽然不是 50 人间，但也有 30 来人，每天为了不和别人排队等厕所，我都是早上五点半就起床。也难怪有同学感慨，高考前都没这么积极、这么早。对于起床，我以前总会赖一会儿，有时候还要来个回笼觉；对于熄灯睡觉，我以前总会再刷刷朋友圈，有时候还要闷在被子里聊天。不过在基地，自觉或不自觉地，我不赖床了，而且熄灯过后就进入梦乡。说实话，每天的训练并不算累，能够按时睡觉对我来说着实是个奇迹。现在回到学校，该起床就起床，该睡觉就睡觉，我也能不赖床、不闷在被窝玩手机。在基地这是要求，回到学校这已经不是要求，已然成为一种生活习惯。感谢军训给了我这种好的习惯，让我的生活习惯得到蜕变。

虽然现在军训已经结束，但正如教官所说，"军训只有短短十三天，在这里无法让所有人的方方面面都得到改变，但能提起人的精气神"。的确，"莫笑军训十三天，获益远超十三年"，尽管现在军训已经结束了，但蜕变仍在继续……

（指导教师/陈伟芳）

十三天的日与夜

财经学院　王欣欣

　　阳光可以照耀大地，雨水可以画出彩虹，军营可以让我成长。我喜欢这里的绝对服从，我喜欢这里的严明纪律，我喜欢这里的团结友爱，我更喜欢这里的收获成果，因为能让我受益一生。

——题记

开　幕

　　10 月 26 日，我踏上了人生当中最后一次的军训之旅，没有出发之前我真的好期待这十三天会发生什么事，在去的路途中脑海里冒出了一连串新奇的幻想，心情就像是去秋游一样，一直亢奋得不得了。可是，美梦总是短暂的！一到了营地，教官严肃的面孔把我幻想的情节打得支离破碎，一下回到了现实，心情就好像暴风雨来临之前一样阴沉。当我偷偷勘察周边环境时，八个红色的大字"严格训练，严格要求"吸引住了我，看到这八个大字后，我迅速地进入了状态。

十三天的日

　　每天晨光升起时，训练场热闹非凡，踢正步、齐步走，最让我羡慕的就是打军体拳的同学们，有种说不出的正气。军训的内容并没有多大的变化，但这些动作，既熟悉又陌生。很庆幸自己是个业余的运动爱好者，这些天的体能训练对我来说并没有很大的"杀伤力"。

　　我们学的每一项练习、做的每一套动作、喊的每一声口令，都需要伙伴的配合才能完美地完成。满脸的汗水、嘶哑的嗓音、干裂的嘴唇是我们付出的最好见证。

　　猛烈的阳光似乎特别眷顾认真训练的我，一直顽皮地照耀着，生怕教官没有发现我的存在。皮肤开始变得黝黑黝黑的，这是我成长的印记，是岁月磨炼的痕迹。军训虽然很辛苦，但在教官的笑话中、拉歌比赛中、演讲比赛中、文艺表演中，我们欢声笑语，这大概就是累并快乐着吧。一天的训练差不多结束了，我们也在五味杂陈中度过。

十三天的夜

吃完晚饭，夜幕渐渐地向我们逼近，渐暗下来的天色对于晒了大半天的我来说是一种安慰，也是一份奖励。傍晚训练的时间并不长，站站军姿、踢踢正步来消除一下晚饭后的慵懒，其余的时间我们都在听教官分享他在部队里的故事。教官的故事经历不但让我惊讶不已，还让我由衷地佩服他，在他的故事中，我听出了独立，他想我们学会吃苦耐劳；我听出了责任，他想要我们在以后的人生道路中学会为自己的人生负责。

秋风凉凉地轻抚过我的脸颊，席地而坐的我们静静地听着教官的励志人生，他就好像邻居大哥哥在委婉地说教妹妹一样，他想让年龄相仿的妹妹们从中领悟种种道理，尝试不同的人生。让我印象最深刻的是教官与战友的情谊，我多么期望也能找到那种一起经历生死、一起同甘共苦、一起收获成功的好伙伴。

在这十三天里，教官讲的每一个故事、每一段经历都让我学会了分享，分享快乐让身边的好伙伴都感受到我洒出的阳光，我还学会了分担。

不知道是不是自己特别感性，每次听完教官的故事后，整个人都会不在状态，心情不佳。但是在这个时候我都会选择发信息给爸爸妈妈汇报我一天吃得饱，睡得好，因为家人最担忧的就是这些小问题了，不知道这样算不算替父母分忧？很奇怪，每次发完信息后我总能很安心地睡着，也许家人也在默默地为我分担。

落　幕

随着时间的流逝，这十三天的军营生活已经到了尾声，不知道什么时候开始，我不再害怕太阳会把我晒黑。当我要拖着行李准备离开的时候，我反而张开双臂享受它分享给我的每一寸阳光，在它的分享下渐渐地我们融合在一起，团结一致形成了一个相亲相爱的大家庭。

（指导老师/马俊华）

"苦"中作乐

交通与环境学院　黄炜钊

　　十三天的军训已经临近尾声了，回首训练的日子，不禁感慨，时间转瞬而过呀。其实，从一开始，我对这次军训是没有什么期待或其他的情绪的，毕竟以前已经历过两次军训了，这次估计也就是时间长点，没有多大区别。但真正来到国防基地之时，我才知道，原来军训也能带给我许多的感触。

　　这十三天，想来是我大学以来最充实的十三天了，在此之前，我从不曾六点钟就早早起床过，也从不曾让自己如此累过，我的大学生涯从一开始就是极其悠闲的。突然换了一个节奏，刚来基地的时候是非常不适应的，整天唉声叹气，埋怨今天的训练怎么累、怎么苦。在训练之时却又不认真。但在晚上休息之时，又反思自己的行为。真的，上大学以来都没军训这些天想得多。所以，我给自己找原因，因而后来状态也逐渐调整过来了，也因此发现了军训中的快乐和收获。

　　原来军训不只是累和苦，在军训的过程中，我们一起训练，一起居住，因而获得了友谊，明白了战友的含义。我们也开始明白团队合作的重要性，明白集体荣誉皆为一体。我们开始去适应别人，互相帮助，一起笑，一起乐。自然，在这十三天的军训中，我们之间也发生过矛盾。但我们在整个军训过程中并没有发生吵架斗殴的事，我为我们军训3班而自豪。

　　虽然，我们训练得并不是尽如人意，也不是所谓的标兵班，但我们一样很努力，很认真。同样，我对自己的评价也是如此。哪怕我有不足之处，但我并不是不认真，一样地努力，对我，就足够了。自然，有劣就有优，每个人都不可能一无是处，我感觉在内务、纪律方面做得就不错，至少不会有太多太大的毛病，我认为我还是可以的。

　　军训的这些天，带给我的，很多很多，身累心累，甚至于一段时间还生病了，但是这些都掩盖不了军训过程中的快乐，我觉得，我们或许在过程中不断地抵制军训，但终要离开之时，总会有不舍的情绪在流转。我们不会忘记这次军训的，哪怕曾经被罚，曾经被骂，但这些都将被我们珍藏在记忆中。

军训的辛苦、痛累，以及那中间夹带的笑声欢语，都将过去了。军训总是要结束的，但这些记忆，会化为我们成长的宝贵财富。我们已经成人，我们会明白军训所带来的影响，会记住我们的选择和决定的。

（指导老师/谢　妮）

军训的美好回忆

计算机学院　罗家豪

十多天的军训给我留下了很多珍贵的回忆，无数酸甜苦辣汇聚成心中的感念，映衬着这飘扬的五星红旗。一切都来得太快，去得太快，只留下无限感慨。想想当初来到基地的第一个夜晚，大伙围坐在一起说说笑笑，气氛甚是温暖。开始大家对所要学的内容比较陌生，但每个同学都能端正训练态度，把自己当成一名军人来接受训练。大家想象着军训的生活，有充实美好的，有劳累心酸的，当然这些都在后来的日子里体现出来了。军训有苦有累，却是一种人生的体验，我们年轻、浮躁，日日饭来张口，衣来伸手，很娇气。是军训的洗礼让我们重塑自身。

在这次军训中，基地的工作人员为我们精心组织了几场意义深刻、富有实践性的讲座。首先是人工急救的知识普及，工作人员的现场教学，令我们印象深刻，同学们的踊跃示范，使大家受益匪浅。接着又有国家安全局的工作人员给予我们关于国家秘密安全规则的教导，其间作为一名大学生的我认识到了该如何保护国家秘密安全，不被敌对分子利用并与其进行长期斗争等知识。还有各种各样的讲座，都让我们学到许多生活中学不到的东西。不过要说最令人期待的军训项目莫过于打枪了，提到打枪，现在心里都有点小激动，一颗颗真材实料的子弹从我们手中的枪射出，刺激感油然而生。虽不能尽兴，却很珍惜这过程，毕竟在以后的人生路上可能不会再有这种经历了！

军训是我们人生中一次难得的考验和磨炼，军训不但培养了我们吃苦耐劳和团结互助的精神，而且磨炼出了我们坚强的意志。至今我还记得大家在练习齐步、正步和挨骂受罚的情形，尴尬地手挽手踏步，劳累地抬脚定三秒，以及一人犯错全班做俯卧撑的心酸，想想当时是有些埋怨，但看着同学那愧疚的表情，一切的不满、指责都烟消云散，只剩下团结的心。对，只有团结我们才能做得更好，之前的受罚只因我们不够团结，但现在我们手挽手，心连心，为这次军训的圆满成功做出一份贡献，当军训结营仪式开始，五星红旗再次洋溢在我们的视野中，心中的自豪感顿时冉冉升起。

军训中给我最大的感悟就是纪律严明，该做什么、不该做什么都要时刻分清楚，就好比部队，作风不好、纪律不严，又怎能打胜仗？所以我们在今后的人生中也要时刻要求自己，努力做好每件事。

半个月的军训生活是短暂的，但它给我们留下的美好回忆却是永恒的。

（指导老师/吴新民）

难忘那一片绿

财经学院　杨晓萍

时光荏苒，一转眼，我们告别了高中的懵懂与幼稚，带着求知的欲望与未来的憧憬迈入了大学的大门，去追寻心中的梦想。大学军训给我留下了难以磨灭的记忆。

军训，对于同学们来说也许并不是一件陌生的事情。然而，对于大学军训，同学们心中还是充满了好奇与期待，我们就这样踏上了军旅之途。

还记得开训那天同学们身着绿军装带着期待登上大黄车，转眼间军训的时光已如流星般一闪而过，留下的便只有那些关于绿色的回忆，那是一份关于青春与成长的记忆，记忆中的我们身着绿军装就像一个个小精灵跳动在基地的每一寸土地上，那里的土地装载着属于我们青春与成长的记忆，使我难以忘怀。

要说起军训期间的训练项目，无非就是走齐步、踢正步和站军姿等。虽然这听起来并不难，但在实践中并没有想象的那般轻松容易。就比如说在走齐步或踢正步的时候，要做到动作与声音的完美结合，需要全班同学的配合与努力，而这正是体验一个班团队精神的时候。教官领着我们在训练场上一遍又一遍地走齐步和踢正步，虽然枯燥无味，但同学们没有放弃，在一遍遍的训练之后，同学间的默契慢慢地培养出来了。是啊，团结就是力量，一个集体或一个团队只有团结起来才能够焕发无穷的战斗力，才能够用同一种声音对外说话，才具有说服力，从而达到事半功倍的理想效果。在这里，我要感谢教官对我们的认真培训与耐心教导。

军营生活就像是一个大熔炉，五十人一间宿舍的集体生活对于同学们来说何尝不是一种挑战。生活习惯与性格特征等方面的不同，给我们的集体生活带来了很大的困难，但这也是一种锻炼与提升，同学之间就应该互相关心与帮助，更要互相体谅与包容，凡事不要斤斤计较，退一步海阔天空，自然就能够和谐地相处。我要感谢在军训期间一直陪伴在我身边、关心和帮助我的那群可爱又活泼的同学们。

都说军训苦，其实这点苦与守卫边疆的战士们相比，根本不值一提。同学们过惯了优越的生活，对于军训期间那种简陋又受约束的军营生活，便情不自禁地害怕。苏轼有句话是"古之立大事者，不惟有超世之才，亦必有坚忍不拔之志"，这道理说得不错，越是恶劣的环境，越能锻炼一个人的意志，军训对我们来说便是一个自我锻炼的机会。

军训期间开展的那一个个精彩的专题讲座，更让我们的安全意识、自我保护意识、国家安全意识等有了进一步的提升。作为二十一世纪年青一代的一员，我们应该珍惜生命，自觉学习好文化知识，树立正确的世界观、人生观与价值观，应该具备国家安全意识和国防知识，自觉担负起关于祖国繁荣昌盛的伟大重任，相信祖国的未来有我们的参与会更加精彩辉煌。

感谢在十三天里教官耐心的陪伴和辛勤的付出，感谢老师与学长们的关心，感谢同学们的陪伴，感谢家人的关心与挂念，因为有你们的陪伴，我可以一路不怕孤独地成长，生命中因为有你们而更加美丽。

在以后的人生道路上，我不会辜负你们的殷切期望，把在军训期间学到的优良作风和积极精神继续保持与发扬光大！

军训一阵子，受益一辈子。我军训，我无悔！

（指导老师/马俊华）

铿锵军训，烈火成金

电子与通信学院　冯春燕

　　这是我人生中第一次也可能是唯一一次军训，它虽短暂，却给我留下刻骨铭心的回忆，这是一辈子都无法忘怀的回忆，因为它记录着我的成长、蜕变，成为我青春纪念册里最难以割舍的情感。

　　仍记得军训第一天亢奋的心情，一种对军训的无限憧憬和期待的念想，那种迫不及待的决绝，一种基地全封闭式训练即将开启，一种全新生活体验的开始。

　　我们从学校出发，半小时后到达了军训基地。一到基地，映入眼帘的是一片翠绿的世界，被鸟的歌声笼罩着，花香弥漫在空气里。但在我还没来得及欣赏这份纯净和美好时，大巴就停了下来，接下来同学们就被一声声急促的呼唤叫下了车，接着就被急急忙忙地带到宿舍，匆忙放下行李，又急忙去参加军训的开营仪式。虽然时间十分匆忙，但每一分钟都用到极致，这也体现了军队的纪律严明，我是第一次如此深刻地拥有这种感受。

　　军训的这十三天，是百感交集的十三天，因为有痛苦、有委屈、有喜悦、有感动，各种情感交织在一起的复杂感受。有开始的新鲜的体验、憧憬，有痛苦、枯燥的训练过程，有训练结束的激动、快乐，有离开基地时的不舍、怀念。

　　在我看来，这次的军训带给我的意义是深远的。强身健体、磨炼意志便是最好的概括。让我学会了坚持，让我在烈日下站军姿半小时，也能做到纹丝不动，站如松。让我学会坚忍，在面对别人的指责、教导时，学会了容忍、理解。最让我感触良多的是，第一次如此深刻地理解了什么是集体荣誉感，一人犯错，全班受罚便是最好的体现。我忘不了在太阳猛烈炙烤时的灼热，汗水一次次淌过脸颊时的感觉；忘不了所有人努力练习一个动作时的坚持，一遍遍地艰苦训练，却没有人有任何抱怨；忘不了所有人被教官表扬时简单快乐的心情；忘不了两千人坐在地上看电影时的那份洒脱。所有所有关于军训的一切，都成了我无法抹去的记忆，会一直烙印在我的心里。

军训让我理解了军人的不容易，他们为国家和人民的安全付出了一切，把自己最好的年华奉献给了祖国。他们以保家卫国为己任，承担着国家安全的重任，他们没有抱怨训练的艰辛，忍受着远离家人的孤独。他们让我无限敬仰和佩服，从心底里为他们英姿飒爽的风采所折服。

军训虽短，但记忆永存；时光匆匆，但回忆一直都在；时光消逝，但不变的是那颗炽热勇敢的心。感谢生命中能有军训，才让我的人生多一分经历、多一分磨炼，让我得到成长，并不断地完善自己，做更好的自己。

（指导老师/张天成）